"Dai-me os seus fatigados, os seus pobres,
As suas massas encurraladas ansiosas por respirar liberdade
O miserável refugo das suas costas apinhadas.
Mandai-me os sem abrigo, os arremessados pelas tempestades,
Pois eu ergo a minha lanterna junto ao portal dourado".

Trecho do poema de Emma Lazarus, gravado no pedestal da
Estátua da Liberdade na entrada da baía de Nova York.

Manual do Imigrante

Manual do Imigrante Brasileiro
Jocéli Meyer e Eryck Duran
1ª edição, ©2006.

Disclaimer

As informações publicadas no Manual do Imigrante estão sujeitas a alterações. Toda e qualquer informação deste Manual não deve ser interpretada como conselho ou recomendação e não deverá ser utilizada como base para qualquer decisão ou ação. Os autores e editores não têm quaisquer responsabilidade sobre o uso que os leitores fizerem das informações. O leitor deve reconhecer que é de sua exclusiva responsabilidade a utilização que faça de qualquer informação deste Manual.

Todas as propagandas e anúncios (apoio cultural) publicados neste livro são de inteira responsabilidade dos respectivos proprietários e não refletem necessariamente a opinião dos autores deste livro.

Publicado e Distribuído por: Luso-Brazilian Books
809 West 181st Street, Suite 222
New York, NY 10033
Ligações Gratuitas: 800-727-LUSO
Website: www.lusobraz.com
Internet: info@lusobraz.com

ISBN+13: 978-0-85051-906-8
ISBN+10: 0-85051-906-3
Library of Congress Control Number: 2005928023

Capa Ilustrada por Diogo Hayashi
Diagramação: Rodrigo Teggi

Primeira Edição
1 3 5 7 9 8 6 4 2

"*O Manual do Imigrante é um livro extremamente prático com maravilhosas ilustrações que abrange tudo o que o imigrante brasileiro precisa saber sobre viver e morar nos Estados Unidos. Contém informação sobre vários assuntos relativos aos Estados Unidos, leis de imigração, como abrir conta bancária, alugar apartamento e sobre cuidados médicos de emergência*".

"*The Manual do Imigrante is an extremely useful book with wonderful cartoons that covers virtually everything a Brazilian immigrant will need to know about living and working in the United States. It contains information about a great many subjects ranging from U.S.labor and immigration law, to how to open a bank account, rent an apartment and seek emergency medical care*".

Maxine Margolis
Antropóloga

"*Por seu pioneirismo, esse trabalho merece todo o mérito. Espero que a partir desse manual, iniciativas semelhantes sejam lançadas, contribuindo para o esclarecimento da comunidade brasileira imigrada, cada vez mais numerosa e que necessita se informar e se organizar a partir do apoio fundamental de seus próprios membros*".

Júlio César Gomes dos Santos
Embaixador e ex-Cônsul-Geral do Brasil em Nova York

Agradecimentos

Este livro teve início como projeto de caráter social e educativo em abril de 2004, com a finalidade de esclarecer as dúvidas mais comuns e freqüentes de imigrantes recém-chegados ou já baseados nos Estados Unidos.

Para a produção do livro recebi verba de patrocínio e apoio cultural de pequenos empresários baseados principalmente nas áreas de concentração de imigrantes, tendo alguns deles demonstrado grande preocupação com o tema e daí se sensibilizado com o projeto desde o seu início. Agradeço todas as diversas contribuições recebidas, e especialmente pela confiança e incentivo de Ademir de Souza, Darlei A. Jung, Jonathan Magalhães, Palmira Oliveira e o artista plástico brasileiro Ferjo.

A primeira fase de pesquisas para a produção do livro contou com o envolvimento de vários imigrantes e profissionais, os quais contribuíram com informações de grande utilidade: Airam da Silva, Alci Fernando da Silva, Ana Cristina Ahern, Ana Santos, Barry Silbergweig, Berenice Busson, Geraldo Santos, Daniel Mattar, Elaine Saramago, Evandro Saramago, Fábio Nascimento, Fernando Cabrita, Francisco Sousa, Giselle Moraes, João Dileu Soares, John Havrilchack, José Nunes, Karla Bledsoe, Laura Gabriel, Luiz C. C. Medeiros, Márcia Caldeira, Márcio Azevedo, Marco Antônio Pessoa, Maria Inês Negromonte, Maria da Natividade Vieira Havrilchak, Mario Teixeira, Maristela Freiberg, Moacir Weirich, Omar Melo, Paulo Cardoso, Roberto Herrero, Rosa Damasceno, Rosely Saad, Sara Santos, Stephan A. Pereira, Suze Borrego, Tatiana Santos, Thomas Russo, Vitor Saleh e Wendely Veloso. Outros colegas me ajudaram com sugestões após a leitura do livro: Myriam Marques, Naila Milanovich e Renato Baptista.

O livro também recebeu o apoio do Consulado Geral do Brasil em New York através do Embaixador Júlio César Gomes dos Santos. E também do Vice-Consul Dario Campos e da Socióloga Tereza Costa, do Departamento de Assistência Consular, que contribuíram com informações e deram sugestões após ler o livro, o Diplomata André Veras Guimarães, que forneceu informações, a Diplomata Cecília Kiku Ishitani e Carol Arguello, do Departamento de Imprensa, que leram o livro e emitiram opinião.

A segunda fase das pesquisas foi realizada no escritório do Brazilian Rainbow Group (BRG), instituição que cedeu espaço logístico para a produção do livro num momento muito decisivo do trabalho. Sou imensamente grata a todos que se envolveram com a produção do Manual: Dawn Reel (designer gráfica), Diogo Hayashi (cartoons), Eryck Duran (autor), Illion Troya (revisão), Jair Jarek (designer gráfico), Kent Larsen (editor e distribuidor) e Rodrigo Teggi (designer gráfico).

Finalmente, agradeço pelo apoio dos acadêmicos brazilianistas, por terem lido o Manual e contribuírem com críticas: James N. Green, Ph.D. (professor de história da América Latina, Brown University), Lidia Santos, Ph.D. (profa. de literatura brasileira e latino-americana, Yale University), Mark S. Langevin, Ph.D. (prof. de ciências políticas, Chapman University) e Maxine L. Margolis, Ph.D (prof. de antropologia, Universidade da Flórida).

Bom Humor

Diogo Hayashi usou seu próprio cotidiano como referência principal nas ilustrações deste livro: amigos imigrantes que já haviam sido inúmeras vezes retratos em caricaturas nos cadernos de esboços e papel sulfite que se espalhavam pregados nas paredes de seu estúdio na cidade de Newark, no estado de Nova Jersey.

Com um traço simples e espontâneo, o cartunista criou mais de 100 ilustrações mostrando a vida dos imigrantes brasileiros neste Manual.

Hayashi é paulista. Nos Estados Unidos estudou pintura, ilustração e cinema. Paralelamente ao trabalho de bartender ilustrou web sites, jornais e histórias em quadrinhos. Aos domingos vendia seus quadros na rua dos artistas, W.Broadway, em NovaYork.

Atualmente Hayashi vive em São Paulo, onde fundou com um sócio a produtora independente Udigrudi Filmes e a ONG "Tá na Tela". A produtora vem desenvolvendo diversos projetos de curta-metragem e documentários visando experimentação e sobre tudo muita arte. A Organização "Tá na Tela" trabalha na difusão do cinema independente na grande São Paulo, com oficinas de vídeo e arte, além da organização de Mostras e Festivais.

Sumário

Prefácio

Introdução

Brasileiros nos Estados Unidos

Há quase duas décadas desde que o Brasil tornou-se um país de emigrantes. Em 2001, quase dois milhões de brasileiros estavam vivendo no exterior. Desses, entre 800 mil e 1,1 milhões de brasileiros estavam vivendo nos Estados Unidos, de acordo com o Itamaraty, o Ministério das Relações Exteriores Brasileiro. Mas, como muitos imigrantes brasileiros sabem, o censo dos Estados Unidos de 2000 fez com que somente 212 mil brasileiros fossem contados no país todo.

Uma das razões porque brasileiros não foram contados com precisão é que muitos deles são indocumentados. Segundo várias estimativas entre 50% e 70% dos brasileiros atualmente vivendo nos Estados Unidos são "sem papel". E desde 11 de setembro tem ficado cada vez mais difícil viver e trabalhar neste país sem os documentos requeridos.

Porém para a maioria dos imigrantes - mesmo para aqueles com permissão para trabalhar - a vida nos Estados Unidos pode ser algo muito complicado. Quais são seus direitos como trabalhador? O que é cartão de social security? Quais impostos você terá que pagar? Como alugar um apartamento? Onde você pode encontrar mobília barata? Como ter acesso a canais brasileiros de televisão? O que você precisa para abrir conta bancária? Como comprar carro? Como investir em imóveis e qualificar para a hipoteca? Onde você pode ir para obter cuidados médicos? Aonde ir para ter a licença de casamento? Como você pode matricular suas crianças na escola? Qual o tipo de assistência que você pode esperar dos Consulados brasileiros nos Estados Unidos?

Onde os brasileiros podem encontrar as respostas para essas e outras perguntas, que surgem inevitavelmente no decorrer do dia-a-dia nos Estados Unidos? O Manual do Imigrante têm as respostas. Foi escrito por dois brasileiros, Jocéli Meyer e Eryck Duran, eles próprios imigrantes. O Manual é cheio de vida por toda parte com ilustrações humoradas - é um verdadeiro e inestimável recurso tanto para imigrantes recém-chegados como estabilizados. Simplesmente faz com que a vida nos Estados Unidos seja compreensível.

Maxine L. Margolis
University of Florida

* Maxine L. Margolis, Ph.D., é professora de Antropologia da Universidade da Florida. Recebeu o doutorado pela Columbia University em 1970. O interesse dela em pesquisa inclui: migração transnacional, identidade de gênero transcultural, antropologia e teoria ecológica, agricultura de fronteira. Ela é associada adjunta da American Anthropological Association e associada da Latin American Studies Association. Entre as suas maiores publicações estão os livros: True to her Nature: Changing Advice to American Women (2000); An Invisible Minority: Brazilian Immigrants in New York (1998); Science, Materialism, and the Study of Culture: Readings in Cultural Materialism (1995); and Little Brazil: an Ethnography of Brazilian Immigrants in New York City (1994).

Introdução

Sempre ouvi meu pai dizer que só há duas maneiras de aprender na vida: pelo amor ou pela dor. No caso do imigrante, uma infinidade deles nos Estados Unidos tem aprendido muito através da segunda situação. Além de dolorosas, essas situações podem ser extremas e diversificadas: pessoas que adoecem e se recusam em ir ao hospital com medo de ser pego pela imigração; gente que ficou sem dinheiro, sem teto e passou noites dentro de containeres de lixo; brasileiro que perambulou como desabrigado e no desespero foi até o Aeroporto pedir para ser mandado de volta para casa. Enfim, histórias inumeráveis, todas com uma dose de realidade ora amarga, ora cruel, mas sempre comovente e que na maioria das vezes acontecem principalmente por desinformação.

Essa desinformação, a primeira razão que justifica a necessidade de um manual especialmente para o imigrante, poderia ser explicada por uma série de fatores: falta de domínio do inglês e capacitação para manter-se bem informado; carga horária excessiva de trabalho e pouco tempo ou falta de vontade para estudar inglês; muitos daqueles que falam inglês e vivem nos Estados Unidos há algum tempo só aprendem "o que" e "como fazer" quando passam por momentos limites; ao viver em país estrangeiro pode-se levar anos para assimilar o funcionamento de todo o sistema; muita gente bem informada não quer passar a informação adiante; para certas instituições brasileiras simplesmente não interessa manter o povo bem informado; alguns beneficiam-se da informação para explorar os outros e fazer dinheiro.

A segunda razão que justifica a criação do Manual, talvez mais essencial que a primeira, é a hipocrisia com que o tema Imigrante tem sido tratado. Num 'Brasil fora do Brasil', ou num país onde a quantidade de brasileiros ultrapassa a casa do milhão segundo estimativas não oficiais, onde há um número considerável de pequenos empresários ou comerciantes e poucas associações de apoio, o que não falta é gente falando demais e fazendo nada. Há demasiada promoção e apoio para certas festas e eventos brasileiros, na maioria para benefício dos promotores e não da comunidade. Falta apoio mais direcionado ao imigrante, materiais de instrução e ajuda prática na organização de assuntos corriqueiros.

Dar água no meio do deserto ou deixar morrer? Ajudar a atravessar a estrada pelo amor ou pela dor?

É preciso ter postura política. Mais do que isso, é preciso uma boa dose de bom senso humanitário!

Jocéli Meyer

Parte 1
Trabalhar nos Estados Unidos

Capítulo 1 - Sistema trabalhista

Segundo as leis federais, qualquer pessoa que estiver nos Estados Unidos tem direitos assegurados pela Constituição Americana independentemente do status com o USCIS - U.S. Citizenship and Immigration Services (Imigração).

O salário mínimo (minimum wage) é estabelecido pelo Congresso Americano. Alguns Estados possuem salário mínimo acima do valor estipulado pelo governo federal. No Estado de New York, o salário mínimo é de US$ 6.75 por hora, enquanto no Estado de New Jersey é de US$ 6.15 por hora. Para saber sobre outras localidades visite o site www.dol.gov/esa/minwage/america.htm do US Department of Labor (Ministério do Trabalho).

Todo trabalhador (employee) que ganha por hora e não possui contrato de trabalho poderá ser demitido conforme as regras de cada empresa ou de acordo com as normas sindicais.

1. Formas de contratação

Nos Estados Unidos, costuma-se contratar trabalhadores de três formas:

POR CONTRATO DE TRABALHO: feito entre a empresa e o empregado, é usado para funcionários que exercem funções executivas ou administrativas. Todos os encargos, direitos, obrigações e privilégios são mencionados no contrato, juntamente com o salário. Esse salário é determinado por um valor anual, normalmente pago por semana. É simples: se o salário anual é de 52 mil dólares, basta dividir esse valor pelo número das semanas do ano (52). O valor pago por semana será igual a mil dólares, deduzindo-se impostos e contribuições.

POR HORA: os trabalhadores geralmente ganham de acordo com o número de horas trabalhadas. O período integral (full time) é equivalente a 40 horas semanais. Abaixo disso, trata-se de meio período (part time). Quando o trabalhador que não exerce função gerencial ultrapassa essas 40 horas, tem direito a receber hora extra (overtime). Nesse caso, o salário deverá ser calculado de acordo com o que é chamado de time and half, ou seja, uma vez e meia. Se uma pessoa costuma ganhar vinte dólares por hora, depois das 40 horas semanais, tem o direito de receber trinta dólares para cada hora trabalhada.

COMO CONTRATADO: só são chamadas "contratadas" as pessoas que trabalham por conta própria, como as que têm suas próprias empresas. São consideradas como consultants ou freelancers. Isso significa que, além de outras coisas, essas pessoas não possuem vínculos empregatícios para com a empresa ou ao contratador. Por desempenharem uma função, não precisam ter horário fixo de trabalho. Ao contrário das outras formas de contratação citadas acima, são responsáveis por pagar seus próprios impostos.

Olho vivo! É preciso saber que embora deva, nem todos empregadores pagam hora extra (overtime), inclusive brasileiros que empregam seus próprios conterrâneos. Mesmo adotando cartão de ponto, há quem desconte do salário do trabalhador o tempo do atraso ou o quanto se ausenta, mesmo quando o funcionário faz hora extra.

2. Feriados Nacionais (Holidays)

Geralmente quem trabalha durante os principais feriados americanos deve receber o dobro do salário (duas vezes o valor por hora). Esses feriados são: January First (Primeiro dia do ano), Memorial Day (Última segunda-feira do mês de maio-Dia da Lembrança dos Soldados e daqueles que morreram pelos Estados Unidos), Fourth of July-Independence Day (4 de julho-Dia da Independência dos Estados Unidos), Labor Day (Primeira segunda-feira do mês de setembro-Dia do Trabalho), Thanksgiving Day (Última quinta-feira de novembro-Dia de Ação de Graças) e Christmas (Natal).

3. Limite de Pobreza

Para saber se o seu rendimento anual pode ser considerado satisfatório, consulte as estatísticas do governo que indicam o limite de pobreza (poverty line), através do Labor Department (Ministério do Trabalho) ou Department of Health and Human Services - DHHS (Ministério da Saúde e Previdência Social).

Segundo os dados estatísticos do DHHS , no ano de 2002, famílias compostas de uma só pessoa com renda de US$ 9.090,00 por ano, foram consideradas abaixo do limite de pobreza dos Estados Unidos. Para famílias de duas pessoas o valor foi estipulado em US$ 11.554,00; de três pessoas, US$ 14.123,00; e de quatro pessoas, US$ 18.096,00. O limite de probreza pode variar conforme o Estado.

4. Cartão da Previdência Social ou Número de Contribuinte Fiscal (Social Security Card Number - SS#) (Individual Taxpayer Identification Number - ITIN)

Social Security: número individual e único de registro junto à Social Security Administration (Previdência Social). Uma espécie de INSS (Instituto Nacional da Seguridade Social) combinado com o CPF (Cadastro de Pessoas Físicas). Todo cidadão americano recebe ao nascer um número de Social Security. Os imigrantes têm o direito de obtê-lo quando possuem permissão de residência e/ou trabalho no país. Trata-se de um documento federal, indispensável por possuir várias finalidades como a abertura de conta bancária, o acesso ao sistema de saúde, a declaração do imposto de renda, etc.

I.T.I.N. (lê-se: Ái-Tí-Ái-Én): número de contribuinte fiscal ou número do imposto de renda. É um registro criado pelo US Department of the Treasury (Departamento do Tesouro) para que aqueles sem Social Security possam declarar imposto de renda. O número de contribuinte também é usado em muitas situações diárias como a abertura de uma conta em banco. Veja mais sobre imposto de renda em capítulo específico deste Manual.

5. Demissões - uma diferença cultural

Muitas vezes, a forma como as demissões são feitas, sobretudo por parte da maioria dos empregadores americanos, costuma surpreender os brasileiros. Geralmente os americanos demitem quando o trabalhador menos espera, pegando-o de surpresa. Pode ser que não seja apresentada uma razão ou causa específica. A demissão jamais ocorre de imediato, assim que o funcionário comete um ou mais equívocos graves, para evitar discussões quando todos estão "de cabeça quente".

Capítulo 2 - Ameaças no trabalho

É muito improvável que o empregador que ameaça denunciar o status imigratório do trabalhador realmente o faça, uma vez que ele mesmo violou a lei ao ter empregado alguém fora de status imigratório e/ou por não ter pago os devidos impostos e contribuições necessárias por lei. Para esses empregadores, há sérias penalidades.

Em caso de exploração por parte do empregador, o funcionário pode procurar um advogado trabalhista, instituições de apoio aos imigrantes, o próprio Department of Labor (Ministério do Trabalho), Secretaria do Trabalho de seu Estado e até mesmo sindicatos da sua área de atuação.

Olho vivo! *Certas comunidades possuem leis específicas que não permitem o agrupamento de trabalhadores independentes (day-laborers) em certos locais onde há placas escritas "No loitering".*

1. Acidente no trabalho

Todo trabalhador tem direito ao Workers Compensation, seguro que toda empresa tem a obrigação de fazer por lei e pagar para o Estado. Este é acionado quando o trabalhador se machuca ou fica inválido e não pode receber salário durante aquele período.

É preciso estar atento ao empregador que tenta argumentar perante o Workers Compensation Board (Junta de Avaliação de Ressarcimento ao Trabalhador) que o trabalhador não é seu funcionário, mas sim um Independent Contractor (fornecedor de serviços).

Para acessar informações específicas no Estado onde vive, basta fazer uma busca virtual da expressão Department of Labor acrescentando a sigla do seu Estado. O site do US Department of Labor é www.dol.gov

Agências de emprego

Olho Vivo! *Cuidado com agências de emprego não credenciadas! Muitas costumam cobrar taxas excessivas, não oferecem contrato e o emprego dura pouco. Agências ou agentes de emprego sérios são registrados, pagos geralmente pelo empregador, e procuram colocar o trabalhador no cargo correto.*

Capítulo 3 - Declaração de imposto de renda (Filing for income tax)

Declarar o imposto de renda significa prestar contas ao governo do seu rendimento anual. Por lei, toda pessoa que recebe acima de certa quantia precisa declarar imposto.

Nos Estados Unidos, o ano fiscal para pessoas físicas é de 01 de janeiro a 31 de dezembro, sendo que a última data para fazer a declaração do imposto de renda é dia 15 de abril. Os impostos são sempre referentes ao ano anterior, ou seja, declara-se em 2007 o que se recebeu em 2006.

1 - Para obter seu número de identificação como contribuinte fiscal individual (Individual Taxpayer Identification Number - ITIN)

Para tirar o número do imposto com maior facilidade, faça sua declaração de imposto de renda. A data limite para o envio da declaração de imposto de renda do ano anterior é sempre 15 de abril do ano seguinte.

Acessando o site do Internal Revenue Service - I.R.S. (Secretaria da Receita Federal), o popular "leão", procure pelo formulário de requisição (Form W-7). O endereço é www.irs.gov Imprima o formulário, preencha e envie por correio, acompanhado dos documentos requeridos devidamente notarizados - tais como seu passaporte, mesmo que sua permissão de permanência no país tenha expirado.

Pode-se também recorrer a contadores profissionais ou estabelecimentos comerciais confiáveis que oferecem esses serviços.

O número de contribuinte chegará por correio em aproximadamente seis semanas. Se passar muito desse prazo, você deverá telefonar para o IRS no número 1-215-516-4846, para ser atendido em inglês. Se preferir ser atendido em espanhol, disque 1-800-829-1040 e acrescente ramal 8, após o sinal.

2. Declaração

Por lei, toda empresa tem de enviar os impostos e contribuições retidos do salário do trabalhador às devidas instituições governamentais. A cada funcionário, a empresa deve entregar o chamado Form W-2, contendo a soma de todos os contra-cheques emitidos em seu nome até 31 de dezembro ou até a data em que houver trabalhado.

Todos os comprovantes de investimentos são necessários para declarar imposto.

Quando o funcionário é subcontratado ou trabalha como consultor, a empresa

tem que emitir o chamado Form 1099 - Miscellaneous Income. O subcontratado ou consultor terá a obrigação de pagar todo o valor do imposto ou contribuições devidas.

Há programas de computador como Microsoft Money™ e QuickBooks™ que registram toda a contabilidade pessoal e facilitam o cálculo, na hora de declarar o imposto.

Exemplo de um contra-cheque com os descontos:

Name (Nome do Contribuinte)
Payment Period (Período deste pagamento)
Social Security Number (Número de nove dígitos do Social Security)
Earnings (Ganhos)
Rate (cotação)
Hours (horas por semana)
This period (Este período)
Year to date (Anual até esta data)
Regular
Overtime (horas extra)
Holydays (feriados)
Vacations (férias)
Gross Pay (Valor bruto)
Deductions (deduções)
Federal Income Tax (Imposto Federal)
Social Security Tax
(Contribuição de Social Security)
Medicare Tax (Contribuição para Medicare)
NY State Income Tax (Imposto Estadual)
New York City Income Tax (Imposto local)
NY SUI/SDI Tax (Contribuição Sindical)
Other (Outros)
Misc (Diversos)
Net Pay (Valor líquido)

As firmas H. R. Block (www.hrblock.com) e Jackson Hewitt (www.jacksonhewitt.com), são empresas que fazem a declaração do imposto de renda por preços populares, na cidade de New York.

3. Deduções

Ao declarar imposto e prestar contas ao governo do rendimento anual, pode-se deduzir do valor total certas despesas. Exemplos dessas despesas são gastos com médico, dentista e doações para igrejas ou instituições sociais, museus etc. Quem trabalha por conta própria ou em casa pode deduzir gastos como material de trabalho a exemplo de ferramentas, uniforme e até gasolina.Consulte um contador experiente para saber quais são as deduções que você pode utilizar. Mensalidades escolares (tuiton) também podem ser deduzidas.

O contribuinte deve manter o hábito de anotar despesas e lucros, assim como guardar e computar todas as faturas e recibos mensalmente. Para fazer a dedução, é aconselhável guardar recibos de determinadas despesas durante sete anos como comprovantes em casos de auditorias.

4. Alguns benefícios

Pessoas com Residência Permanente nos Estados Unidos com rendimento abaixo de um patamar estipulado pelos governos estadual e federal qualificam para receber destes um reembolso tributário, o Earned Income Credit - E.I.C.

5. Pagamento

O pagamento do imposto é feito no momento em que o contribuinte envia a declaração para o governo federal, anexando ao formulário um cheque bancário ou money order (ordem de pagamento) endereçado ao US Treasury Department ou Internal Revenue Service - IRS. O pagamento ao governo estadual deverá ser encaminhado ao Departamento fiscal do Estado, o qual geralmente se encarrega também do municipal.

Todos os formulários possuem endereço para onde devem ser enviados e informações detalhadas.

O contribuinte que não estiver em condições de pagar todo o imposto de uma vez poderá parcelar, mas os juros fiscais são altos.

Para garantir que a declaração de imposto não se extravie no correio, muitos preferem enviar suas declarações por Certified Mail (correio com certificação de envio), mesmo pagando um pouco mais.

6. Diferença Cultural:

A palavra tax em inglês se traduz por imposto ou tributo fiscal. Muitos ouvem os americanos dizerem "I must do my taxes" e é comum ouvir entre brasileiros "Tenho que fazer as taxas" em vez de "pagar imposto" como diriam no Brasil.

7. Pequeno glossário

- *taxable: tributável*
- *taxation: tributação*
- *tax evasion: sonegação fiscal*
- *tax free: isento de impostos*
- *tax relief: isenção de impostos*
- *tax payer: contribuinte*
- *tax return: declaração de rendimentos*
- *income: renda, rendimentos*
- *income tax: imposto de renda*

Parte 2
Moradia

Capítulo 1 - Alugar casa ou apartamento

1. Estrutura dos imóveis

É comum que as casas de dois ou mais andares em certas localidades sejam compostas de vários apartamentos. Em muitas delas, espaços como o sótão (attic) e o porão (basement) são adaptados para moradia.

A estrutura da maioria das casas e apartamentos é de madeira e as paredes internas, de sheet-rock, placas de gesso cobertas de papelão e isolamento de fibra, não de tijolos, como no Brasil. Isso porque a madeira favorece o aquecimento durante o inverno rigoroso, enquanto que a estrutura de tijolo puxa a umidade e retém o frio.

A parede de sheetrock não só deixa passar mais o som de um apartamento para outro, como também a água. Muitos brasileiros trazem a mania de limpeza à moda brasileira e quando chegam nos Estados Unidos vão lavando a casa toda, do chão às paredes, e por desinformação, acabam causando graves estragos estruturais.

A estrutura de madeira também é um problema quanto ao fogo. Os incêndios são mais rápidos do que no Brasil. Um pequeno descuido como esquecer a frigideira no fogão aceso pode queimar a casa toda se o óleo atingir a madeira. Outra causa bem comum é o curto-circuito.

Por causa da estrutura típica das construções, muitos brasileiros dizem popularmente que as casas americanas são de papelão.

2. Aluguel

Antes de mudar-se, inspecione a casa ou apartamento e procure informações sobre a vizinhança onde pretende morar.

Todo inquilino deve estar preparado para desembolsar um depósito de garantia (deposit) geralmente equivalente a um mês de aluguel. Esse depósito serve para cobrir eventuais danos no imóvel como paredes sujas e maçanetas quebradas para o proprietário (landlord ou landlady) não ser prejudicado. Ao se mudar do imóvel todas as alterações deverão ter sido revertidas ao original.

Lixos ou sujeiras deixados no apartamento devem ser limpos. Do contrário, o proprietário tem o direito de descontar do depósito a quantia necessária para providenciar a limpeza, consertos ou para reverter ao original.

Se o valor do depósito for insuficiente para providenciar reparos aos danos causados no imóvel, o proprietário poderá processar o inquilino no Small Claims Court (Tribunal de Pequenas Causas).

O proprietário poderá exigir mais de um mês de depósito. Toda a quantia recebida deve ser depositada por ele numa conta bancária separada e dentro de 30 dias deverá entregar ao inquilino um recibo assinado contendo o nome do banco e o número dessa conta. Após um ano, o banco deve pagar juros sobre esse depósito. A devolução desse valor somente ocorre quando o inquilino deixa o apartamento sem causar danos de acordo com o contrato de aluguel.

Antes de se mudar, faça um contrato por escrito contendo que o mesmo só poderá ser rompido se ambas as partes concordarem. Em caso de contrato verbal, procure ter testemunhas que o possam defender em caso de problema jurídico.

Independente de o aluguel estar em dia ou não, o proprietário poderá pedir o imóvel de volta, desde que proceda conforme o acordo estipulado no contrato.

O valor do aluguel, assim como qualquer outro item estabelecido no contrato, seja ele escrito ou verbal, só poderá ser mudado caso o proprietário e o inquilino concordarem.

A residência deverá ser mantida nas devidas condições estabelecidas pelo Código Sanitário Estadual. O proprietário é responsável por fazer os reparos necessários. Se houver várias violações no apartamento, o inquilino deverá chamar o Departamento de Saúde para averiguar. Se houver violação grave, o inquilino poderá deixar de pagar o aluguel até o proprietário providenciar os devidos reparos.

Caso o inquilino não pague o aluguel por uma causa justificável, o valor do aluguel deverá ser depositado numa conta bancária chamada Scroll Account. O proprietário só poderá sacá-lo dessa conta quando o juiz lhe der permissão.

Para poder alugar para moradia espaços especiais como um sótão (attic) ou porão (basement), o proprietário deverá obter autorização da cidade e providenciar saídas de incêndio inserindo escadas quando necessário.

Todo inquilino tem o direito de fazer seu próprio seguro de tudo o que tiver dentro de casa. Esse seguro costuma ser barato e compensa caso algum dano aconteça.

Na cidade de New York é permitido ter outra pessoa morando no local que você alugou, desde que seja considerado como sendo casa ou apartamento e não como quarto alugável para uma só pessoa, o assim chamado Single Room Occupancy ou SRO. Como as leis que regem os SRO são as mesmas dos hotéis, pessoas amigas não poderão pernoitar, somente visitar.

Em várias localidades é proibido ter um número excessivo de moradores dentro de uma casa ou apartamento. Os vizinhos, proprietários do imóvel ou as pessoas que se sentirem incomodadas poderão chamar as autoridades. O excesso de moradores pode causar danos ao imóvel, gasto excessivo de água, luz, gás, além de gerar situações de perigo em caso de incêndio.

Realugar um imóvel é bastante comum, mas é preciso sempre verificar se a pessoa com quem você está negociando é o proprietário ou um sublocador. Sendo um sublocador, verifique se está autorizado a subarrendar o imóvel.

Olho vivo! Sempre que tratar com inquilinos, seja para sublocar, seja para dividir moradia, tenha cuidado para não ser explorado. Verifique o valor real do aluguel devido ao proprietário antes de concordar com o que lhe for pedido.

3. Roommates

Morar com terceiros, sobretudo se desconhecidos, pode se tornar um pesadelo. O aluguel de um studio (quitinete) ou attic (sótão) muitas vezes custa o mesmo que alugar um quarto no apartamento de alguém. Se precisar encontrar um roommate verifique antes de assinar o contrato se isso é permitido no apartamento.

A melhor maneira de conseguir roommates é por recomendação de amigos ou conhecidos confiáveis. Em todo caso, sempre peça referências sobre a pessoa onde trabalha ou estuda.

Outras opções incluem sites específicos na Internet (alguns grátis, outros pagos para colocar anúncio) ou anúncios de jornal e bulletin boards (quadros de aviso) em locais públicos na vizinhança onde estiver procurando morar.

Ao deixar seu anúncio inclua o telefone de contato. Procure estipular o horário de preferência para receber as ligações.

Ao conversar com o roommate potencial, fale sobre: valor do aluguel, valor do depósito, contas para pagar, tamanho do quarto a alugar, número de cômodos do imóvel e ao que terá acesso, localidade e referências sobre a área, transportes disponíveis (principalmente para quem não tem carro). Quanto ao responsável pela casa: pergunte se o candidato está empregado, possui referências ou alguém que o possa indicar, entre outras coisas.

Depois de conversar por telefone, se você se sentir suficientemente confortável com o candidato a roommate, marque o dia de visitar a casa. Ambos deverão preparar uma lista de perguntas para que a entrevista tenha resultado satisfatório. Durante a entrevista, o responsável pela casa deverá esclarecer todas as condições, entre as quais:

• A data do aluguel.
• O prazo de aviso em caso de mudança geralmente é de um mês antes da saída, pois assim o responsável terá como garantir o aluguel do próximo ocupante.
• O valor do depósito: muitos pedem ao responsável para usar o depósito como pagamento do último aluguel, o que não é interessante porque, uma vez usado o depósito em vez do aluguel, o responsável poderá ser prejudicado se o roommate houver causado danos no imóvel.

- Não vale a pena dividir contas telefônicas. Convém ter um aparelho celular ou linha própria e comprar cartões telefônicos. A divisão de alimentos também é uma das causas mais comuns de desentendimento entre roommates. A inclusão de frigobar individual no quarto pode ser uma boa alternativa para esses casos.

Olho Vivo! *A liberdade de um termina sempre onde começa a privacidade do outro. Mesmo que os roommates se tornem amigos ou já o sejam, a política de "negócios sempre à parte" é conveniente para evitar dor de cabeça.*

Diferenças Culturais
Ao ter roommates estrangeiros é bom saber que muitos:
- Não se envolvem na vida particular alheia. Isso não significa que estes são frios ou sem sentimentos.
- Não cozinham todo o santo dia e muitas vezes contentam-se com sanduíches ou comidas rápidas.
- Não tomam banho todos os dias.

Procurando roommates na Internet
Há várias empresas com sites na Internet anunciando vagas abertas para roommates. Geralmente anunciar é grátis, mas cobra-se uma taxa de acesso à lista.
www.allaboutroommates.com/cgi/newentry
www.easyroommate.com
www.rainbowroommates.com
(para a comunidade GLBT/ Gays, Lésbicas, Bissexuais e Trangêneros)
www.roommateaccess.com
www.roommateclick.com
www.roommates.com
www.sharerent.com
www.tribe.net
www.tosublet.com

4. Despejo

Na maioria dos Estados, quando o inquilino deixa de pagar ou atrasa o pagamento do aluguel, o proprietário envia uma ordem ou solicitação por carta registrada, ou a entrega pessoalmente, dando um prazo de três dias para o pagamento. Se não o fizer, o proprietário terá direito a uma ordem de despejo da Housing Court (Tribunal de Moradia). O inquilino receberá do proprietário o aviso de que já solicitou um pedido de despejo contra ele junto ao Tribunal.

Dependendo do local, será estipulado um certo número de dias para o inquilino procurar o Tribunal e marcar a data com o juiz. Nessa ocasião, será importante justificar o atraso ou não-pagamento do aluguel por condições insalubres ou outro problema que o proprietário se recusar a retificar.

Somente mediante um processo legal de ordem de despejo é que o proprietário poderá perturbar o inquilino. Outros distúrbios como cortar serviços de aquecimento, água, etc., são ilegais.

Caso o inquilino não responder a ordem de despejo, o Marshall (pessoa oficializada pelo Estado, município ou governo federal que possui o poder de fazer cumprir as leis ou decisões judiciais) irá lacrar a porta de acesso ao imóvel até o inquilino comparecer ao Tribunal. Depois de um certo tempo, dependendo das leis locais, a Prefeitura despejará o inquilino.

De qualquer modo o aluguel pendente continuará sendo uma dívida pela qual poderá ter de responder em processo civil. Se ainda assim continuar ignorando a dívida, poderá ser processado criminalmente.

Olho vivo! Seja organizado, guarde sempre todos os seus recibos ou comprovantes de pagamento de aluguel para ter como se defender de qualquer acusação imprópria de inadimplência.

5 - Utilities (Água, eletricidade, gás, telefone)

Água: o sistema de cobrança das contas referentes ao abastecimento de água varia de um lugar para outro e pode ser estipulado através dos seguintes critérios: quantidade cúbica de uso; medida da frente da propriedade em relação a rua; tamanho da propriedade; taxa única. Geralmente é o dono da propriedade que faz o pagamento da conta de água e comunica a companhia de água sobre qualquer problema.

Olho vivo! Durante certa época do ano, pode ser proibido o desperdício de água em determinadas localidades. As comunidades são informadas sobre o racionamento através de veículos de comunicação ou mesmo cartas. Aqueles que não respeitarem o racionamento poderão ser multados.

Eletricidade: geralmente existem várias companhias que competem entre si para fornecer eletricidade em certa área, mesmo quando a distribuição é feita somente por uma companhia. O sistema de cobrança é realizado de acordo com a quantidade utilizada. As contas são mensais e existem vários planos de pagamento de acordo com o uso. Quando não incluído no aluguel, a conta deve ser paga pelo inquilino. Para instalar o serviço, normalmente as companhias pedem número do social security e/ou depósito, contrato de aluguel ou certificado de propriedade do local, entre outros documentos.

A voltagem elétrica é sempre de 110 volts, enquanto que no Brasil pode ser de 110v ou de 220v. Adaptadores de tomada poderão ser necessários, muitos equipamentos elétricos possuem um terceiro fio, o térreo.

Gás: nos centros urbanos o gás é encanado. O sistema de cobrança é feito de acordo com a quantidade usada e as contas são mensais. Muitas vezes a mesma companhia que distribui a eletricidade fornece o gás. Além de abastecer o fogão, nos Estados Unidos o gás pode abastecer o sistema de calefação e até mesmo geladeiras, máquinas de lavar e secar roupas, etc. Ao invés do botijão ou bujão, nas localidades em que não existe fornecimento de gás encanado, o gás é fornecido por companhias que abastecem os cilindros na parte de fora das residências. Botijões de gás são geralmente pequenos e podem ser comprados ou reabastecidos em certos pontos exclusivos. Todavia, esses botijões não são feitos para cozinhar diariamente e somente para pequeno uso, seja para camping ou churrasqueiras.

Telefone: existem várias companhias que fornecem serviços de telefone numa mesma área. Estas competem entre si e oferecem diversos planos. As companhias também podem se diferenciar entre aquelas que oferecem serviços locais, interurbanos e internacionais. Para a instalação de linha de telefone, caso não possua número de social security, muitas companhias pedem que seja realizado um depósito. Geralmente quando não há linha já instalada, a instalação do serviço é feita alguns dias após a solicitação ou quando já existe a linha, após algumas horas. Uma boa alternativa para fazer ligações interurbanas e internacionais é usar cartões pré-pagos, adquiridos em locais comerciais.

Telefones celulares: geralmente para certos planos de telefones celulares exige-se que, além do número do social security, a pessoa tenha um bom crédito. Em muitas localidades imigrantes, há companhias que aceitam um depósito ao invés do número do social security. Outra opção é o telefone pré-pago, seja por cartão ou por dinheiro adiantado a companhia.

Contas em seu nome: Se as contas fixas - eletricidade, telefone, etc. - estiverem no nome do antigo inquilino, não se esqueça de comunicar às respectivas companhias quando mudar. Caso contrário, as despesas dos novos inquilinos serão de sua responsabilidade.

Diferença cultural: pessoas com deficiência ou com dificuldade de pagar contas de água, eletricidade, gás, telefone, podem participar de programas especiais das companhias, mesmo que privadas. Para requisitar esses planos especiais, cada companhia possui suas próprias regras.

6. Importantes detalhes no inverno

Neve: o proprietário deverá providenciar a remoção de neve acumulada na calçada da sua propriedade, a menos que o contrato de aluguel atribua essa responsabilidade ao inquilino. Neve não removida é motivo de multa porque a pessoa que sofrer um acidente poderá mover processo (to sue).

Calefação (heating): a maioria dos Estados americanos requer que o proprietário providencie calefação nas casas ou apartamentos nos meses de inverno. Se não providenciado, o proprietário poderá ser multado em caso de denúncia. Isso não significa que o inquilino não tenha que pagar a parte pela calefação, tudo depende do contrato do aluguel. A temperatura da calefação tem que estar num certo grau dependendo da região onde mora. Para denúncias, ligue para o governo local e informe-se sobre o número telefônico para ligar nos meses de inverno. Em New York, basta discar 311, número do Citizen Service Center (Centro de Serviços ao Cidadão).

Diferenças Técnicas

No Brasil, o sistema de transmissão e de sinal para televisão e vídeo é o chamado PALM-M, enquanto nos Estados Unidos é o NTSC, National Television System Committe. Isso significa que quando alguém leva ou traz fitas de vídeo de um país para o outro, precisará recopiá-las profissionalmente, mudando de sistema.

7. Lixo (trash ou garbage)

Somente despeje o lixo nos locais e dias da semana determinados. Do contrário, isso poderá acarretar multas para aqueles que se dispõe do mesmo ou para o proprietário do local.

Há leis que exigem disposição separada do lixo reciclável do não reciclável. Certos tipos de recipientes de plástico ou tipo papelão do leite, latas e outros metais, devem ser todos lavados ou limpos antes de serem dispostos como reciclável. Todo tipo de papel, cartão, papelão, caixas de certas embalagens desde que limpas, bem como jornais, revistas e similares devem ser atados por tipo antes de serem dispostos como reciclável.

Materiais cortantes como facas, cacos de vidro, lâmpadas queimadas, devem ser embalados de forma responsável para não ferir os coletores da limpeza pública.

Todas as embalagens ou sacos plásticos próprios para o armazenamento do lixo precisam ser fechados ou amarrados quando depositados nas latas de lixo.

Artigos tais como baterias, pilhas, pneus, óleos (cozinha ou carro) e materiais em geral que podem vazar e contaminar toxicamente deverão ser jogados fora em lugares apropriados ou determinados pela municipalidade.

Itens de grande porte, como geladeiras, fogões, máquinas de lavar, etc, devem ser dispostos no dia apropriado, com suas portas e gavetas desmontadas.

Olho vivo! Não abandone veículos: Motos e carros possuem número de chassi em várias partes e podem ser identificados. Seus proprietários devem vendê-los ou cedê-los como sucata. Para dar baixa, basta encaminhar o título de propriedade do veículo (Title of Ownership) ao Department of Motor Vehicles - DMV local com o recibo de que o veículo foi sucateado. É comum encontrar veículos consertáveis, mas já sucateados devido ao alto custo da mão-de-obra mecânica.

Em prédio com incinerador de lixo é proibido despejar latas de aerossol, sobras de combustíveis ou qualquer material inflamável.

8. Mobiliando com economia

8.A - O luxo do lixo
Muitos recém-chegados conseguem montar uma casa rapidinho gastando muito pouco ou quase nada.

Como há muito consumismo no país, é comum as pessoas se desfazerem de artigos de consumo como eletrodomésticos, móveis, eletrônicos como computadores e televisores, roupas e muito mais.

Quanto mais elegante o bairro, melhores as opções. É necessário saber o dia da coleta, pois há dias determinados para se dispor dos objetos. Isso ocorre geralmente um dia antes do caminhão de coleta passar para recolhê-los.

Quando as pessoas estão dispondo de utensílios domésticos, funcionem ou não, os colocam na calçada diante de casa para quem quiser. Alguns deixam notas como: In working condition (funciona) ou It needs repair (necessita conserto).

Diferença cultural

Vários artistas experimentais em New York fazem dumpster diving (mergulho em lixeira), pois certas lixeiras de prédios em reforma podem guardar tesouros escondidos.

8.B - Sebos

A compra de artigos de consumo pelos quais se paga um valor simbólico também é uma tradição das vendas populares, a Garage Sale, a Yard Sale e a Tag Sale. O que se vende na Garage Sale é mobília e outros objetos de grande porte. Já na Yard Sale ou venda de quintal, vende-se objetos menores, e a Tag Sale se refere à venda de artigos etiquetados com o preço.

Organizações de caridade como o Salvation Army (Exército da Salvação) ou a Goodwill, além de centros religiosos e outras entidades de beneficência costumam vender roupas, móveis e outros produtos usados em bom estado. Trata-se dos bazares de bagatelas ou Thriftshops, também chamados de Roomage Sales ou Church Basement Sales por serem muitas vezes localizados nos porões das igrejas. Na maioria das cidades, o Exército da Salvação tem grandes armazéns (stores) de objetos doados como móveis, eletrodomésticos, roupas de segunda-mão, etc. Tudo é vendido a preço simbólico e a renda é revertida aos projetos sociais da própria organização.

9. Acomodando as visitas

Quem divide apartamento com roommates e não dispõe de lugar para hospedar familiares ou amigos em visita, pode encontrar opções mais baratas do que a maioria dos hotéis.

Na cidade de New York e em muitas outras, há os albergues da juventude ou Youth Hostels, com diárias de 25 a 45 dólares em média, dependendo da área. Em Manhattan, um dos maiores situa-se na Columbus Avenue entre West 103rd e West 104th Streets.

A Young Men's Christian Association - Y.M.C.A., oferece quartos individuais a preços acessíveis.

Na cidade de New York são dois os YMCAs melhores localizados. Um deles fica na West 63rd Street entre Central Park West e a Broadway. O outro fica na East 47th Street, entre as Avenidas Segunda e Terceira, próximo à sede da Organização das Nações Unidas - ONU. Por uma diária média de 50 dólares, tem-se acesso a piscina, sauna, academia, televisão, etc. Para reservar é importante ligar com antecedência.

Para encontrar a YMCA em outros Estados americanos, basta visitar o site www.ymca.net

Capítulo 2 - Televisão

Ao contrário do Brasil, canais privados nos Estados Unidos podem ser uma necessidade. Em muitas localidades, a recepção por antena comum é tão péssima que a assinatura de uma seleção básica de canais privados passa a ser indispensável mesmo para assistir canais comerciais.

1. Canais brasileiros

Muitos brasileiros no estrangeiro costumam sentir muita falta da televisão nativa, sobretudo para se atualizar quanto à língua nacional falada. A assinatura de certos canais privados tem dado acesso à programação de canais brasileiros nos Estados Unidos.

A programação de certos canais brasileiros internacionais contém a maioria dos programas apresentados no Brasil. No entanto, certos programas como os esportivos mundiais nem sempre podem ser exibidos nos Estados Unidos devido aos contratos internacionais, ou aos direitos exclusivos de outras empresas. As retransmissoras só têm permissão de veicular as assim chamadas "produções caseiras", exclusivamente nacionais do Brasil. Os filmes americanos também não podem ser retransmitidos por esses canais brasileiros internacionais por serem exclusividade dos canais americanos. O que não quer dizer que alguém tenha de perder seu programa favorito. A Copa do Mundo, as Olimpíadas, a Fórmula 1 e outros eventos estão sempre disponíveis nos canais americanos, e muitas vezes em espanhol.

1.1 - TV a Cabo

No Estado de Massachusetts há a RCN e a Comcast. Em Miami, Flórida, a Atlantic Broadband (companhia de banda larga), até agosto de 2004, juntamente com as duas de Massachussets eram as únicas a oferecerem a TV Globo Internacional via cabo nas áreas de maior concentração de brasileiros.

1.2 - TV via Satélite

É possível assistir canais brasileiros como a Record Internacional e a Globo Internacional em qualquer parte dos Estados Unidos via satélite, através da rede DISH Network®, a qual transmite toda programação em sinal digital.

O assinante não precisa se preocupar com a instalação da antena parabólica porque ao adquirir a assinatura, tanto o equipamento quanto a instalação são feitas gratuitamente por profissionais treinados pela DISH.

A vantagem de ter parabólica é a possibilidade de mudar de cidade ou de Estado e ainda assim manter a programação favorita. Mesmo que você vá para uma casa de praia, para as montanhas ou para uma fazenda, terá acesso em qualquer parte dos Estados Unidos.

Em casas ou apartamentos alugados será preciso solicitar permissão por escrito para instalar a parabólica da DISH. Por lei, nenhum condomínio ou proprietário de residência poderá impedir que você opte por instalar televisão via satélite. Se houver impedimento, este deverá constar no contrato de aluguel. Outra opção será solicitar o sistema MDU da DISH Network® que habilita todo o condomínio a receber a programação através de uma única antena.

A antena não precisa ser permanentemente instalada no teto da residência. Desde que haja espaço suficiente, a antena parabólica poderá ser instalada no chão do quintal ou na varanda. E se a casa for muito baixa, a antena poderá ser instalada num pedestal, num poste ou até mesmo numa árvore.

O acúmulo de neve na antena poderá causar perda de sinal. A neve deve ser cuidadosamente removida da antena parabólica, utilizando-se uma escova ou vassourinha de mão. Nunca se deve jogar água quente na antena com a intenção de derreter a neve, porque como o frio continua, a água jogada se transformará rapidamente em gelo, o que será pior. Também não é recomendável o uso de produtos como PAM, Rain-X ou WD-40 porque estes óleos industriais podem causar danos no equipamento.

Pode-se obter instalação da DISH em casa por duas maneiras: mediante ligação direta, ou através de revendedores autorizados. A ligação direta é feita por telefone, bastando ligar para o serviço de atendimento gratuito em inglês ou em português, disponível 24 horas. *Para atendimento em português o número é 1-888-456-2698. O web site da DISH é www.dishnetwork.com*

Parte 3
Trânsito

Capítulo 1 - Carteira de motorista (Driver License)

Nos Estados Unidos dirigir não é considerado direito adquirido, mas sim um privilégio concedido. Cada Estado possui um órgão administrativo competente, algumas vezes privado, que licencia as pessoas que dirigem e faz a fiscalização de acordo com as leis estaduais.

1. Aluguel de Carros

Alugar carro em locadora (Car rental) geralmente requer que você tenha um visto válido de permanência, um cartão de crédito e que seja maior de 26 anos.

Somente algumas locadoras não exigem cartão de crédito ou a idade mínima de 26 anos. É o caso da New York Rent-a-Car (www.nyrac.com) e da Rent-a-Wreck (www.rentawreck.com). O preço do aluguel poderá variar conforme a sua idade. Em certas locadoras, quem não tiver cartão de crédito poderá deixar depositado um certo valor em dinheiro vivo, como garantia.

2. Requerimentos para tirar a carteira de motorista

Cada Estado tem seu próprio departamento de fiscalização de trânsito e licenciamento de veículos, portanto os requerimentos para tirar carteira de motorista variam de um Estado para outro.

Muitas vezes há uma contagem de pontos referente aos documentos exigidos para tirar licença de conduzir. Para maiores detalhes referentes ao Estado onde vive, procure diretamente o Department of Motor Vehicles - DMV (Departamento de Veículos Motorizados) correspondente. Abaixo alguns endereços eletrônicos:

- NEW YORK : New York Department of Motor Vehicles
  (www.nydmv.state.ny.us/)
- NEW JERSEY: New Jersey Motor Vehicle Commission
  (www.state.nj.us/mvc/)
- MASSACHUSSETS: Massachussets Registry of Motor Vehicles
  (www.dmv.org)
- CALIFORNIA: State of California Department of Motor Vehicles
  www.dmv.ca.gov/dmv.htm) - inclui versão em espanhol.
- FLORIDA: Florida Deptarment of Highway Safety & Motor Vehicles
  (www.hsmv.state.fl.us)
- ILLINOIS/ CHICAGO: Motorist Services
  (ww.onlinedmv.com/IL_Illinois_dmv_department_of_motor_vehicles.htm)
- OUTROS ESTADOS: consulte o site www.onlinedmv.com

Para obter licença de conduzir americana, a maioria dos DMVs estaduais pedem a apresentação do cartão do Social Security, além de outros documentos.

Além da Driver License, os DMVs estaduais também são encarregados de emitirem Non-Driver Photo ID (Carteira de identidade estadual).

No caso de mudança para outro Estado, geralmente existe um prazo entre 10 e 30 dias para transferir a carteira ou a identidade. Consulte o DMV de sua localidade.

Todos os DMVs, mesmo quando privados, normalmente possuem departamentos de investigação (enforcement) para a verificação da autenticidade dos documentos apresentados. Se for descoberta qualquer irregularidade nesse sentido, a carteira existente poderá ser suspensa, o motorista processado e os documentos falsos apreendidos.

Caso um policial, no cumprimento de suas funções parar um veículo e apreender uma falsa carteira de motorista e não encontrar outra pessoa entre os passageiros com licença válida de conduzir, o veículo poderá ser rebocado e quem estiver dirigindo poderá ser preso ou processado.

Assim como no Brasil, dependendo da infração de trânsito, o motorista poderá "levar pontos na carteira". Acima de um certo número de pontos, a carteira será suspensa ou cancelada.

3. Exames

- Em alguns DMVs a prova teórica poderá ser feita na língua materna, desde que solicitada com antecedência. Também será preciso fazer um exame de vista no próprio local. Ao contrário do Brasil, não há exame psicotécnico.
- Para fazer o exame de habilitação, você deverá estudar os regulamentos do trânsito do Estado em questão. Todo DMV costuma distribuir gratuitamente uma publicação educativa de preparação que inclui as regras de trânsito e as leis limitando o consumo de bebidas alcoólicas por motoristas.

3.1 - Exame escrito

Na maioria dos Estados, o exame compreende duas partes. Geralmente 75% das questões são do tipo por múltipla escolha, e incluem perguntas quanto a dirigir sob a influência de bebidas alcoólicas.

Se for aprovada no teste escrito, a pessoa será habilitada com uma permissão de conduzir como Learner Permit (lincença de aprendiz). Com exceção da cidade de New York e de alguns outros centros urbanos, pode-se praticar no volante desde que em companhia de alguém já habilitado. Verifique as leis do Estado onde vive para saber qual é a idade mínima requerida da pessoa habilitada. Em New York a idade mínima é de 18 anos e em New Jersey, 21.

3.2 - Exame prático

Para fazer o exame prático, você precisará ir de carro conduzido por alguém habilitado. Caso você não possua veículo, este poderá ser providenciado através da Auto-Escola (Driver School).

Muitos Estados requerem que os candidatos à carteira recebam uma ou mais horas de instrução em sala de aula na Auto-Escola. Na cidade de New York é requerido pelo menos cinco horas de instrução.

4. Adolescentes

Adolescentes podem tirar licença de motorista, mas como a idade permitida varia de uma localidade para outra, é preciso consultar o DMV de onde você mora.

No Estado de New York, adolescentes maiores de 16 anos podem tirar carteira de motorista, mas não têm permissão de dirigir nas rodovias (highways) nem na cidade de New York.

Em New Jersey, a partir de 16 anos de idade pode-se fazer matrícula na auto-escola e se deve completar seis horas de instrução. Depois de assinar as condições da permissão, o jovem recebe uma carteira temporária para praticar, dirigindo sempre com alguém maior de 21 anos ao lado, que seja habilitado há mais de três anos. O adolescente só poderá prestar o exame de habilitação ao completar 17 anos para obter carteira permanente.

Capítulo 2 - Compra de veículo

1 - Direitos

Lemon, nos Estados Unidos é gíria para coisa imprestável, o equivalente a "abacaxi", ou "laranja" no Brasil. Vários Estados possuem lemon laws, ou seja, leis de suporte ao consumidor que tenha comprado algum "limão". Geralmente ao adquirir um veículo, mesmo quando não funciona como deveria, as pessoas já estão automaticamente cobertas por esta lei, de acordo com certas especificações que podem variar entre os Estados. Para saber sobre o que esta lei determina no Estado onde mora, você poderá pesquisar na Internet. Acesse o sistema de buscas e digite a expressão lemon laws seguida da sigla do Estado onde mora.

Nunca compre veículo sem recibo. Lembre-se que terá de declarar e pagar imposto sobre o valor do veículo e precisará desse precioso comprovante.

Verifique se o veículo está funcionando bem. Confira as luzes, os freios, o motor, a bateria, os pneus, os cintos de segurança, os limpadores de pára-brisa, etc.

Olho vivo! Preste atenção nos juros se estiver pensando em comprar veículo a prestações. Muitas vezes, quando o financiamento não é feito por um banco ou outra instituição financeira, mas sim por uma revendedora ou um consórcio, os juros cobrados, principalmente à comunidade imigrante, podem estar bem acima do mercado.

2. Registro

O registro tem que ser feito no DMV do seu Estado. Para registrá-lo, será preciso ter seguro. Junto com esse registro, que geralmente é um decalque para se colocar no pára-brisa válido por dois anos no Estado de New York para carros usados, também são entregues as placas.

Diferença cultural

Nos Estados Unidos é possível solicitar placas personalizadas por um preço diferenciado.

Ao registrar seu veículo, o proprietário precisará pagar um imposto sobre a aquisição (Sales Tax). Sua carteira de motorista deverá ser do mesmo Estado em que o registrar. Além do recibo da compra, ele terá de apresentar o título de propriedade do veículo (Title of Ownership), devidamente assinado pelo antigo proprietário.

O registro do veículo também poderá ser feito pelas revendedoras ou certos despachantes.

3. Inspeção

Para fazer a
inspeção será preciso
pagar uma taxa
correspondente.
No Estado de
New York, qualquer
posto de gasolina
com garagem de
serviços mecânicos
pode fazer a inspeção
desde que autorizado.
Em New Jersey, há
uma agência estadual
de inspeção.

É importante lembrar que o veículo deverá estar em boas condições para
ser aprovado na inspeção, o que inclui o bom funcionamento do escapamento,
das luzes, de todos os requerimentos de segurança, os pneus têm que estar em
bom estado, etc. Mesmo que o carro não passar, você terá de pagar pela
inspeção da mesma forma.

Veículos zero-quilômetro são isentos de inspeção por alguns anos.
Verifique as regras no seu Estado.

4. Seguro

Para veículos financiados através de bancos ou companhias de
empréstimos, a organização financiadora requer seguro total do veículo.
Muitas vezes, dependendo da idade da pessoa além da idade da carteira, da
localidade onde vive e do tipo de veículo, as parcelas do seguro podem sair
mais caras do que as prestações da financiadora do veículo.

Minimum Liability (Seguro mínimo): O motorista só poderá adquiri-lo se
for o único proprietário do veículo. Geralmente não cobre o veículo em caso de
colisão, somente as despesas médicas do motorista e de terceiros até um certo
valor, estipulado por lei.

*Olho vivo! Nunca dirija carro sem seguro. Se o carro não lhe pertencer, sua obrigação
como motorista é perguntar ao dono se o carro está assegurado. Se não tiver seguro,
você, como motorista, será o responsável.*

As companhias de seguro exigem que a carteira de motorista tenha sido
tirada em território americano.

5. Triple A (AAA - American Association of Automotive/ Associação Automobilística Americana)

As vantagens de se associar ao Triple A são os serviços oferecidos gratuitamente em caso do veículo quebrar ou de emergências como rebocamento, quando o combustível acaba ou chave trancada internamente.

Os sócios pagam taxa única anual e o preço é bastante acessível.

Para saber mais detalhes de como se associar visite o site www.aaa.com O pagamento da taxa de sócio pode ser por cartão de crédito. Imediatamente, você terá um número e em casos de emergências poderá usar os serviços. O cartão deverá ser enviado para sua casa.

Quando guincham o carro, levam para a garagem mais próxima cadastrada no Triple A. No local já existe a mecânica. Porém, o serviço mecânico não tem a cobertura do Triple A e caberá ao motorista optar por aquela mecânica ou não. Se quiser levar para outro mecânico, terá que pagar outro guincho.

Quando o combustível acaba: o Triple A providencia combustível suficiente para o motorista chegar no posto de gasolina mais perto.

Porém, o motorista terá que pagar tanto o combustível como o tambor para transportar o combustível.

O cartão do Triple A também oferece descontos em viagens, hotéis, passagens aéreas e em determinados lugares de consumo.

Capítulo 3 - Sinalização e procedimentos

1. Obrigações

Por lei, em todos os Estados Unidos é obrigatório usar o cinto de segurança aos ocupantes dos assentos dianteiros. Se o passageiro ao lado do motorista for flagrado sem estar usando o cinto, a multa recairá no motorista.

Por lei, geralmente menores de 12 anos devem usar os assentos traseiros e cinto de segurança. Crianças pequenas devem usar uma cadeirinha infantil de segurança (child safety seat) atada com segurança ao assento de trás. Caso contrário, o motorista poderá ser multado. Você deverá verificar o que foi estipulado em seu Estado com relação ao transporte de crianças em veículos como o seu.

Normalmente, o número de ocupantes permitido por lei em um veículo é determinado pelo número de cintos de segurança. Em certas localidades, os policiais de trânsito podem parar o veículo, multar o motorista e impedir a superlotação do veículo para garantir a segurança.

Preste atenção nas leis locais, principalmente sobre sinais de pare (stop), semáforos, faixas de travessia de pedestres, e especialmente a velocidade estipulada nas zonas por onde estiver dirigindo.

Quando um ônibus escolar (school bus), geralmente imperdível por ser pintado de amarelo, estiver parado no meio da rua, com o pisca-pisca ativado, significa que há estudantes subindo ou descendo. É obrigatório parar seu veículo à distância de 25-50 pés (de 9 até 15 metros) do ônibus. A tentativa de ultrapassá-lo é proibida. Além de pagar multa, você terá pontos marcados na sua carteira de motorista.

Diferença Cultural
No Brasil, as distâncias são medidas em quilômetros, nos Estados Unidos em milhas por hora. Uma milha equivale a 1,6 km.

2. Estacionamento (Parking)

Preste atenção na diferença entre os sinais de "proibido parar" (No Standing) e outro parecido: "proibido estacionar" (No Parking). O primeiro significa que mesmo sentado dentro do carro, você não pode ficar parado no local. Já o segundo permite estacionar momentaneamente se permanecer no volante.

Preste atenção no horário de estacionamento marcado nas placas.

Se estacionar onde houver parquímetros (parking meters) deverá depositar várias moedas de 25 centavos (quarters) por um tempo marcado de permanência. Geralmente o limite é de meia hora ou menos. Se passar do prazo coberto, poderá ser multado. Se precisar continuar usando aquele estacionamento deverá continuar depositando moedas.

É proibido estacionar ao lado de hidrantes, para que os bombeiros possam sempre ter livre acesso.

É proibido estacionar ao lado de outro carro já estacionado, ou seja, fazer estacionamento duplo (double parking), em todos os Estados Unidos.

Nos dias de limpeza, preste atenção no horário. Mesmo após o caminhão ter passado, pode-se levar multa.

Não estacione nas zonas de descarregamento próprias em áreas comerciais sem atender certas especificações ou leis locais tais como: horário, tipo de registro de veículo ou somente tipo de veículo.

Permissão de estacionar (Parking Permit): em algumas cidades a Prefeitura dá permissão de estacionamento ao motorista na rua da empresa onde trabalha ou onde mora.

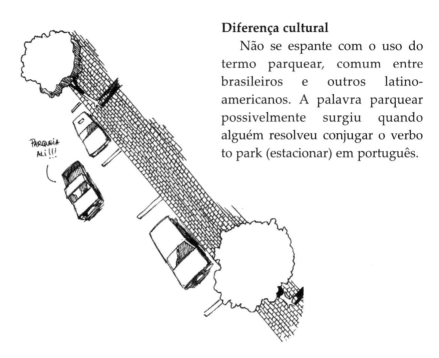

Diferença cultural

Não se espante com o uso do termo parquear, comum entre brasileiros e outros latino-americanos. A palavra parquear possivelmente surgiu quando alguém resolveu conjugar o verbo to park (estacionar) em português.

3. Guincho

Quando o veículo é deixado no estacionamento comercial (parking lot) e o motorista tem outro destino: o veículo poderá ser rebocado por companhias particulares de guincho contratadas para fiscalizar a área.

Se seu carro desaparecer, ligue para a polícia para saber se foi rebocado, pois o guincho particular ou policial tem a obrigação de comunicar o número da placa do veículo antes de guinchá-lo para o controle da central de comunicação policial, que também controla o tráfico de carros roubados.

Todos os veículos precisam ser guinchados das Highways (auto-estradas). Nenhum veículo pode ser abandonado por mais de um certo tempo. Carros abandonados serão guinchados e o motorista será multado por abandono, além de ter que pagar o guincho. Somente guinchos cadastrados naquela Highway poderão prestar serviços, cobrados de acordo com a distância.

4. Ruas

Em quase todas as localidades dos Estados Unidos, com algumas exceções nos centros urbanos, quando o semáforo estiver vermelho o motorista poderá virar a direita depois de parar o carro por completo e dar preferência para os motoristas à frente.

Em todos os cruzamentos que possuem um sinal de Four-Way Stop (Pare nas quatro vias), a preferência será sempre do outro motorista.

A maioria das ruas nos Estados Unidos são Two Ways (mão dupla), a menos que possuam placas dizendo One Way Street (mão única).

O sinal Yield quer dizer que a preferência é do outro motorista.

Algumas abreviações úteis:

St. = Street (rua)
Ave. = Avenue (avenida)
Rd. = Road (estrada)
Ln. = Lane (pista)
Sq. = Square (praça)
Blvd.= Boulevard

O uso de numeração cardinal como nome de rua ou avenida:

1st St. =	First Street	(Primeira Rua)
2nd St =	Second Street	(Segunda Rua)
3 rd St =	Third Street	(Terceira Rua)

(Não confundir as letras "rd" da abreviatura de 3rd com "Rd", abreviatura de Road).

Depois:

4 th St =	Fourth Street	(Quarta Rua)
5 th St, 6 th St, 7 th . . . até 20 th St		(Fifth, Sixth, Seventh Streets . . . Twentieth Street)

Depois:

21st St. =	Twenty-first Street	(Vigésima-primeira Rua)
22nd St =	Twenty-second Street	(Vigésima-segunda Rua)
23 rd St =	Twenty-third Street	(Vigésima-terceira Rua)
24 th St =	Twenty-fourth Street	(Vigésima-quarta Rua)

25 th St, 26 th St, 27 th . . . Twenty-fifth, Twenty-sixth, Twenty-seventh Streets
100 th St, 212 th St . . .One Hundredth Street, Two Hundred and Twelfth Street

Na cidade de New York, costuma-se escrever por extenso o número cardinal de avenidas, por serem em menor número e para diferenciar das ruas. Por exemplo: First Avenue, Fifth Avenue, Eleventh Avenue, mas também pode-se escrever de maneira abreviada 1st Ave., 5th Ave., ou 11th Ave.

5. Endereços e direções (Addresses and directions)

Certifique-se do nome do lugar onde estiver indo e saiba como escrevê-lo e

pronunciá-lo. Isso quer dizer que deverá sempre pedir por endereços completos. Há milhares de avenidas, bulevares, ruas e alamedas chamadas Washington, Lincoln, Broadway ou Fifth Avenue, etc, por todos os Estados Unidos.

O endereço 190-192 W. 92nd St. # 4D, New York, NY 10025 é lido como: One Hundred Ninety to One Hundred Ninety Two, West Ninety Second Street, Apartment (or Suite) number Four D, New York, New York, one hundred, twenty five.

- Presume-se que se trata de um prédio grande porque ocupa o lugar de dois números de imóvel, de 190 até 192, localizado do lado Oeste da cidade, na Rua 92.
- O número do apartamento ou da suíte, em inglês demarcado pelo sinal #, é 4D, ou seja, trata-se do apartamento D, entre os apartamentos situados no quarto andar.
- New York significa que se encontra em Manhattan. Se ficasse nos bairros Brooklyn, Bronx ou Staten Island, os nomes destes bairros seriam seguidos da abreviação NY.
- A abreviação NY se refere ao Estado de New York e o número seguinte é o do Zip Code da área, isto é, o equivalente ao chamado CEP no Brasil (Código de Endereçamento Postal).

Compre mapas e aprenda a utilizá-los.

Mapas com as direções marcadas e informações passo-a-passo de um ponto a outro numa cidade ou região podem ser rapidamente acessados na Internet e impressos. Visite sites como o Map Quest (www.mapquest.com) e Yahoo Maps http://maps.yahoo.com/

6. Quando uma viatura estiver atrás do seu veículo

Dê passagem para veículos de emergência, tais como os do corpo de bombeiros, ambulâncias e outros veículos com sirene e luz especial acionadas. Preste atenção em localidades que possuem fire-lane, uma faixa especial de emergência geralmente usada pelas viaturas oficiais.

Se mesmo dando passagem para uma viatura policial ela continuar atrás do seu veículo, é uma indicação que você deverá parar por algum motivo. Estacione no acostamento ou próximo à guia mais segura, geralmente à direita, abaixe o vidro e ligue a luz interior, se estiver escuro ou for de noite, e aguarde.

Nunca saia do veículo sem ordem policial. O motorista e todos os passageiros deverão esperar o policial chegar até o carro. Se ele demorar a chegar, mantenha a calma, seja paciente. Não pise no acelerador. Desligue o rádio e não faça movimentos bruscos como abaixar para tentar pegar alguma coisa dentro do carro. Tudo pode despertar suspeitas.

Quando se aproximar, o policial provavelmente já terá conferido a placa do seu veículo com a central de informações para verificar se há qualquer irregularidade registrada. O policial então, geralmente solicita ao condutor a carteira de motorista, o seguro do veículo e o registro. Nem todos os Estados pedem registro. É sempre importante verificar se todos esses documentos se encontram no carro ao pedi-lo emprestado ou emprestá-lo a um amigo ou parente.

Se não tiver à mão todos os documentos, avise o policial com calma que você precisa apanhá-lo no porta luvas, na bolsa ou no banco traseiro. Entregue os documentos necessários e só então poderá perguntar ao policial por que motivo foi parado. Procure ser cortês.

Se o motorista se negar a apresentar os documentos, poderá ter o carro guinchado, receber multa ou ser preso.

Se lhe for dada multa, não adianta querer discutir. Se for injusta e você tiver como prová-la, deverá contestá-la no Tribunal da localidade onde a multa deverá ser paga.

7. Multas

O valor da multa não pode ser determinado pelo policial e sim pelo Tribunal de Justiça (Court of Justice), ou pelo Legislativo e variam de uma localidade para outra. Há municípios que cobram multa mais alta. Os pontos da carteira são determinados pela DMV de seu Estado.

Pagar a multa significa assumir a culpa. Ao assumi-la, o motorista poderá receber pontos na carteira. No Estado de New York, se acumular 12 pontos, o motorista pode perder a carteira e o direito de dirigir.

Em caso de multa por infração no trânsito, você pode questionar o julgamento do policial que aplicou a multa, coisa que o Juiz e a lei permitem. Se o policial não comparecer ao Tribunal para ratificar a infração, o Juiz dará o caso por encerrado.

O motorista que não pagar a multa ou não der justificativa ao juiz no Tribunal, estará correndo o risco de receber ordem de prisão. Ficará fichado na polícia e poderá ser preso sem direito a fiança.

Através do curso de Defensive Driving (direção defensiva), você pode reduzir os pontos da carteira e inclusive reduzir de 5 a 10% o custo do seguro do carro. Alguns Communities Colleges (Universidades ou faculdades públicas) oferecem o curso durante o verão.

Pedestre atravessando a rua na faixa de segurança tem sempre a preferência. O motorista que bloquear essa faixa poderá ser multado. Por sua vez, o pedestre que não atravessar na faixa ou não respeitar o sinal poderá ser multado por caminhar irregularmente e receber a multa J-walking (lê-se Jhei-ualquin). Esse nome da multa se refere ao percurso em forma de letra J que o pedestre faz em vez de atravessar em linha reta quando o sinal está aberto para pedestres.

Ao andar de bicicleta: A instalação de refletores nas rodas, traseira e dianteira e o uso de capacete protetor é fundamental nos Estados Unidos. Alguns Estados multam bicicletas na contramão ou por ultrapassar sinal fechado. Em algumas cidades como New York as autoridades podem multar ciclistas guiando sobre a calçada ou de forma imprudente.

8. Embriaguez e transporte de bebidas alcoólicas

- Em todas as localidades dos Estados Unidos, é proibido transportar bebidas alcoólicas no interior do veículo. Só poderão ser transportadas fechadas, no porta-malas. Também na rua é proibido circular com garrafa de bebida de conteúdo alcoólico aberta e à vista. Os locais que vendem cervejas em lata ou garrafinha devem condicioná-las fechadas em saquinhos de papel.

Certifique-se quanto às leis locais penalizando quem dirige em estado de embriaguez. Geralmente a regra geral de tolerância máxima é de um copo de cerveja de 12 onças (equivalente a uma latinha) por hora para uma pessoa de mais de 145 libras de peso (aproximadamente 72 quilos).

Se o policial parar um motorista por suspeita fundamentada ou não, que esteja embriagado, poderá solicitar algum tipo de teste ou o "bafômetro". Se o motorista se recusar a testar, será considerado culpado   sucessivamente pelo policial, pelo tribunal e pelo DMV.

Dirigir bêbado ou sob a influência de álcool ou substância controlada (DWI/Driving While Intoxicated e DUI/Driving Under the Influence) pode resultar na suspensão ou perda da carteira, em adição a multa ou prisão.

Ao beber demais e retornar ao veículo, o motorista que dormir deve ocupar o banco detrás. Jamais se deve sentar atrás do volante, pois poderá ser motivo de multa caso o policial abordá-lo, mesmo que o veículo esteja parado.

Capítulo 4 - Acidentes

1. Acidentes sem feridos

Fique calmo. Primeiro observe se todos estão bem. Verifique se será necessário sair do carro às pressas. Caso o carro estiver pegando fogo, saia o mais rápido possível. Não se preocupe em conter o fogo.

Se não houver feridos, caso possível mova seu veículo fora da área de tráfego para evitar outros acidentes. Muitas vezes, os motoristas não querem mover o carro para alegarem depois que não foram culpados. Porém mover o veículo, para não impedir o trânsito, quando possível é requerido por lei.

Se você tiver batido no outro carro da parte média para trás, será considerado culpado. Esteja preparado para dar os dados corretos ao outro motorista. Se você tiver sido a vítima, anote a placa do outro carro, observe a marca, a cor e o ano de fabricação. Peça e anote tanto os dados da carteira do outro motorista quanto os do registro do carro dele. Ambos poderão trocar números de telefone.

Se o outro motorista causar qualquer problema como se recusar a dar seus próprios dados chame a polícia para fazer a ocorrência. Em toda parte nos Estados Unidos, é proibido abandonar a cena de um acidente sem antes ter feito a ocorrência ou ter trocado informações.

Nunca reaja de forma nervosa ou intimidadora com relação ao outro motorista. Seja de quem for a culpa, o acidente em si já é suficientemente grave. Não dê motivos ao outro motorista para lhe acusar de agressão.

Dependendo do Estado onde você se encontrar há um prazo máximo para registrar a ocorrência. No Estado de New York, é de 10 dias, se a polícia não tiver ido ao local logo após o acidente.

2. Acidentes envolvendo feridos

Não mova o veículo até receber ordens expressas da polícia.

Solicite assistência imediatamente através do número telefônico de emergência 911. Informe onde se encontra e quantas pessoas precisam de ajuda para a determinação do número de ambulâncias a serem enviadas. Descreva de que tipo foi o acidente. Se houver vítimas prensadas nas ferragens do carro, o Corpo de Bombeiros terá de intervir.

Não toque nas pessoas feridas. Um movimento errado poderá causar seqüelas graves. Se o socorrido vier a ter complicações ou falecer por socorro mal prestado, aquele que prestou socorro poderá ser processado!

Como em acidentes não envolvendo feridos, mantenha a calma e não saia do local até prestar depoimento às autoridades sobre o acidente. Esteja ciente de que deverá se lembrar dos fatos sobre como aconteceu e quais foram as pessoas envolvidas para futura referência junto à companhia com a qual o carro foi assegurado, junto ao advogado, etc.

3. Acidente com morte

Não mova nada na cena do acidente. Sobretudo, não mova o seu carro e aguarde a chegada da polícia.

A equipe da perícia técnica será contatada para investigar minuciosamente toda a área do acidente.

4. Prevenção

Jamais deixe seu carro ligado com a chave dentro. Se no meio tempo ele for roubado e envolvido em um acidente, você poderá ser processado por ser o proprietário do carro.

Capítulo 5 - Estradas

Em certas estradas americanas pode existir ou não limite de velocidade (speed limit). Preste atenção, pois nas estradas Inter-Estaduais, Highways ou Freeways existe um limite mínimo que geralmente é de 45 milhas por hora.

Esteja atento para a sinalização das estradas. Por haver um excesso de placas, é necessário discernir quais realmente são importantes. Essas placas podem informar a respeito de rotas alternativas ou desvios, congestionamento por causa de acidentes, neblina, etc.

Nas áreas adjacentes a obras de construção, as placas com limites de velocidade poderão surgir quando você menos espera. No caso de excesso de velocidade, a multa pode chegar ao dobro do valor normal.

As faixas de tráfego funcionam como no Brasil. Mas preste atenção ao se aproximar de certas grandes áreas metropolitanas onde existe a HOV - high occupancy vehicle, faixa exclusiva para carros com mais de dois ocupantes, marcada com losangos pintados sobre o asfalto. Se você estiver dirigindo sem o número de ocupantes e/ou horário pré-determinado não deverá usá-la, pois poderá levar uma multa bem alta.

Diferença cultural: Nas estradas americanas, ao contrário das brasileiras, pode-se ultrapassar pela direita, desde que o trecho não tenha sido demarcado com ultrapassagem exclusiva pela esquerda. O Triple-A sugere a quem pretender ultrapassar caminhões, ônibus e outros veículos de grande porte, que o faça sempre pela esquerda, porque o motorista do veículo à frente geralmente tem visibilidade comprometida à direita.

1. Pedágio

Preste atenção nas diferentes formas de pagar o pedágio e nos guichês de recebimento correspondentes, sejam eles: dinheiro (quantia exata ou não), tokens (fichas), Ez-Pass (passe eletrônico).

A melhor forma de passar direto e evitar filas é através do Ez-Pass (pronuncia-se izipés). Esse passe eletrônico possui reposição automática quando estiver com cota baixa através do seu cartão de crédito. O site do Ez-Pass é www.ezpass.com

Tokens: podem ser comprados antecipadamente pelo Correio. Por causa da popularidade do Ez-Pass em muitos pedágios os tokens estão caindo em desuso.

Pagamento exato: deixe sempre o montante necessário reservado em moedinhas as quais você poderá arremessar no cestinho apropriado.

Quem passar sem pagar, poderá ser parado por policiais ou em breve receber pelo correio uma notificação de violação de pedágio com a cobrança da multa correspondente.

2. Imprevistos nas Rodovias

Quando seu carro quebra na estrada: se não for no inverno e se não houver nenhum telefone ao alcance para pedir socorro, permaneça dentro do carro e ative o pisca-pisca de alerta até a chegada da viatura policial. Fora dos centros urbanos e estradas movimentadas, assim como nos meses de inverno, procure ajuda da melhor forma possível, por exemplo, acenando para outros motoristas.

Mantenha mantas de lã no veículo para ficar aquecido se o carro quebrar em viagem durante os meses de inverno e de nevascas.

Mantenha uma caixinha de primeiros socorros para uso imediato, se necessário.

Mantenha água e alimentos não perecíveis no carro sempre que for viajar com crianças por várias horas. Selecione alimentos de alto teor de calorias tais como barras de cereais ou chocolate e outros alimentos que não precisam ser cozidos e cujas embalagens possam ser abertas com facilidade.

Mantenha o tanque abastecido se for viajar por um longo percurso, pois fora dos centros urbanos poderá não haver muitos postos de abastecimento.

3. Significado dos números e siglas de identificação das estradas americanas

National System of Interstate Highways (Interestaduais): as Highways de número ímpar vão de norte a sul. A I-95, por exemplo, liga o Estado de Maine ao Estado da Flórida. As estradas de número par vão de leste a oeste.

O sistema nacional de numeração das Highways, datado de 1956, foi instituído pelo então presidente Dwight D. Eisenhower. Com certas exceções essas rodovias interestaduais seguem números convencionais.

Highways numeradas com três dígitos são bifurcações ou elos de ligação da estrada principal. Por exemplo, a I-395 é uma conexão da I-95.

Federal Highway System (Sistema Rodoviário Federal): adotado em 1924, identifica as rodovias federais pela sigla inicial US. O código de numeração seqüencial acaba não sendo útil no dia-a-dia pelo fato de que nem toda rodovia faz parte desse sistema.

As rodovias do Sistema Federal são numeradas em seqüência, de leste a oeste e de norte a sul. A numeração das principais rotas de leste a oeste termina em 0. A das rodovias de norte a sul em 1.

Para saber mais sobre este assunto visite o site do US Dept. Of Transportation Federal Highway Administration (Órgão de administração das Rodovias Federais do Ministério dos Transportes): www.fhwa.dot.gov

Curiosidade: a cada cinco milhas das Highways há uma reta de uma ou duas milhas, originalmente planejadas para o pouso de aviões em caso de defesa do país.

Parte 4
Saúde

Capítulo 1 - Atendimento Médico e Hospitalar

Nos Estados Unidos, não há Sistema Único de Saúde (SUS) como no Brasil, onde o governo provê atendimento à saúde por ser um direito garantido pela Constituição. O atendimento à saúde nos Estados Unidos é um "privilégio".

1. Hospitais

Toda pessoa tem direito a atendimento emergencial e caso não possa pagar imediatamente poderá parcelar a conta.

A entrada nos hospitais pode ser feita tanto pela Sala de Emergência como pela Clínica.

Quando o paciente dá entrada no hospital pela Sala de Emergência é atendido no mesmo dia. O tempo de espera será proporcional à gravidade e urgência de tratamento que o caso exigir.

As Clínicas especializadas disponibilizam tratamentos preventivos e primários. O atendimento poderá ser um pouco mais demorado, e o tratamento será feito por consultas marcadas. É importante saber que nem todo hospital tem clínicas especializadas.

Independente da porta de ingresso, seja pela sala de emergência ou pela clínica, a forma de pagamento será a mesma e poderá ser facilitada por parcelamento. Mas o atendimento preventivo da Clínica sai bem mais em conta do que quando o paciente dá entrada no hospital através da Sala de Emergência.

Sempre que possível, prefira utilizar os serviços dos hospitais da rede pública. New York é a única cidade dos Estados Unidos a possuir uma grande rede de hospitais públicos tais como o Metropolitan, o Roosevelt e o Bellevile.

O Bellevile Hospital é o maior, com mais de 25 mil leitos e mais de 400 mil atendimentos ambulatoriais por ano. Inaugurado em 1736, foi o primeiro no país a ter ala de maternidade, ambulância hospitalar e sala de emergência.

Diferença cultural: Ao contrário do Brasil, o fato do hospital ser público não quer dizer que o paciente não precisará pagar a conta.

Segundo informações retiradas do site do Consulado do Brasil em New York (www.brazilny.org) os centros médicos que oferecem serviços de atendimento em português são: o Memorial Hospital, o Cornell Medical Center, o Columbia Presbyterian Hospital, o Beth Israel Hospital e o Hospital for Special Surgery. O site consular oferece uma lista dos números de contato em alguns dos principais hospitais.

Muitos Estados possuem leis antidiscriminatórias que obrigam os hospitais a providenciar intérpretes na língua materna do paciente para garantir tratamento médico adequado.

Uma opção viável para imigrantes sem seguro de saúde e de limitadas condições financeiras é recorrer ao atendimento de hospitais universitários. As consultas também poderão sair mais em conta onde houver um programa especial de atendimento a imigrantes.

Nos Estados Unidos, todo e qualquer procedimento hospitalar, inclusive a entrada pela Sala de Emergência, precisa ser permitido e aprovado pelo paciente mediante assinatura. Procure sempre saber quais serão os procedimentos médicos antecipadamente. Peça serviço de intérprete, se necessário.

Procure saber quem são os profissionais que estão acompanhando o seu estado de saúde. Cada Estado pode estabelecer a sua divisão da própria enfermagem e de acordo com a licenciatura. Geralmente, é a seguinte:

- Home Health Aide - HHA (Assistente de saúde domiciliar). Muitas vezes trabalham também em hospitais.
- Certified Nurse Assistant - CNA (Assistentes de enfermeiros). Prestam atendimento ao paciente como medir a temperatura, mas não podem, por exemplo, dar remédio.
- Licensed Practical Nurse - LPN (Enfermeiros licenciados). Geralmente cursaram pelo menos dois anos de faculdade para poder atuar nessa função.

- Registered Nurse - RN (Enfermeiros profissionais registrados). Supervisionam o trabalho das outras categorias.
- Higienização pessoal: Manter o asseio do paciente é algo que varia de um hospital para outro. Tudo depende do estado de saúde do paciente. É possível que só poderá tomar banho no hospital se estiver acompanhado de um responsável.

2. Programas assistenciais

Existem programas de organizações filantrópicas para assistir pessoas de baixa renda ou desempregadas. Esses programas podem variar entre os Estados e hospitais. Em todos os hospitais existem social workers (assistentes sociais), cujo trabalho é informar e auxiliar sobre esses programas.

Mantido pelo Estado de New Jersey, o Charity Care é um programa de auxílio ao pagamento de despesas de saúde (integral ou parcial) para aqueles que não qualificam para os seguros de saúde governamentais tais como o Medicaid e o Medicare.

- Entre os requisitos para se beneficiar do programa, você deverá provar não ter condições de quitar a conta, mediante apresentação de uma carta do seu empregador. Quem estiver desempregado, deverá explicar como se mantém, se é com ajuda privada, religiosa ou comunitária.
- Se o Charity Care for aprovado integralmente (100% de cobertura), o requisitante poderá ser atendido gratuitamente todas as vezes que necessitar durante um ano. Poderá inclusive obter todos os medicamentos necessários nesse período. Se a cobertura aprovada for de 80%, o beneficiado deverá pagar os restantes 20% como puder.
- Para mais informações:
  www.lsnjlaw.org/english/healthcare/charitycare.cfm

3. Clínicas

Milhares dos centros de saúde primária e preventiva nos Estados Unidos oferecem serviços gratuitos ou a pagamento acessível conforme a renda.

O Planned Parenthood (www.plannedparenthood.com) é muito bem estabelecido nos Estados Unidos. Dispõe de aproximadamente 850 centros de atendimento médico afiliados em todo o país, oferecendo atendimento financeiramente acessível para pessoas de baixa renda. Entre os serviços oferecidos tanto para homens, como para mulheres e crianças, a Planned Parenthood oferece:

- Teste de gravidez (pregnancy testing).
- Exame de mama (breast exam).
- Teste para anemia e pressão sangüínea (testing for anemia and blood pressure).
- Teste para infecção vaginal e urinária (testing for vaginal and urinary tract infections) e Papa-Nicolau (Pap test ou Pap smear).
- Anticoncepcionais de emergência (emergency contraceptives): quando métodos de prevenção à gravidez não foram usados.
- Teste e tratamento para doenças sexualmente transmissíveis como herpes, gonorréia, sífilis e HIV/Aids (Testing & Treatment for Sexually diseasis and HIV).

Callen-Lorde: centro de saúde da comunidade gay na cidade de New York. Oferece atendimento médico em geral. Os serviços são cobrados de acordo com o rendimento da pessoa (Sliding Scale). Saiba mais pelo site www.callen-lorde.org

Catholic Services: não é clínica, mas orienta as pessoas onde encontrar atendimento médico, independente do status imigratório. Saiba mais pelo site www.catholicservices.org

Clínicas Públicas: a maioria dos grandes centros urbanos dos Estados Unidos possui clínicas públicas, sejam nas áreas de saúde reprodutiva e sexual, sistema respiratório, etc. O endereço da pessoa a ser atendida deverá corresponder ao município ou ao menos ao Estado onde a clínica pública que for procurar estiver localizada. Na cidade de New York, você pode localizar a clínica pelo site www.nyc.gov/html/doh/home.html No Estado de New Jersey, você pode localizar a clínica pelo site www.state.nj.us/health/lh/directory/lhdselectcounty.htm

4 - Transporte hospitalar

Van médica: quem está em tratamento médico, tem Medicaid, Medicare ou seguro de saúde e precisa se locomover freqüentemente ao hospital, pode solicitar transporte através do Social worker (Assistente social).

Ambulâncias: toda vez que a ambulância for solicitada sejam estas públicas ou privadas, o seguro de saúde da pessoa cobrirá as despesas da mesma. Para aqueles que não possuem seguro médico e não podem pagar pelo transporte hospitalar, os sistemas de ambulâncias parcelam a conta.

5 - Remédios

É proibido adquirir certos remédios nos Estados Unidos sem receita médica.

Brasileiros que trazem consigo o hábito da automedicação devem ser mais cautelosos nos Estados Unidos. Quem está habituado a tomar certos calmantes por depressão (dor física, cansaço ou outro motivo), costuma dormir longas horas, cedo ou tarde terá que ir para o hospital. Se chegar "dopado", o médico poderá reportar a polícia. A polícia pode querer investigar como o paciente adquiriu o remédio.

Certos remédios podem causar danos graves. Se você ou alguém que conhece precisar de cuidados médicos imediatos, não perca tempo. Vá ao hospital. Sua saúde é importante.

Muitas vezes devido a automedicação e ao uso indiscriminado de antibióticos, quando a infecção aparece, certos antibióticos poderão não fazer efeito.

Certas clínicas dispõem de sistema de distribuição de remédios a baixo custo para aqueles pacientes que qualificam.

6. Médicos particulares

É recomendável que toda pessoa, sobretudo as mais propensas a ter problemas de saúde, estabeleça um médico pessoal de clínica geral. Uma vez preenchida, sua ficha permanece no consultório e é atualizada cada vez que retornar; caso decida mudar de médico, você tem o direito de levar a cópia da ficha médica para o seu novo médico. O seu médico poderá prescrever seus medicamentos. Pergunte quais são os hospitais que o médico têm convênio. Esses hospitais serão aqueles que ele poderá encaminhá-lo como paciente. Apesar das consultas serem caras, às vezes há possibilidade de negociar e conseguir parcelamento.

7. Laboratórios

Dependendo da sua condição física, o médico precisará fazer certos exames de laboratório, seja de sangue, urina, fezes ou alguns tecnologicamente mais avançados como sonografias. No caso da não cobertura pelo seguro de saúde, esses exames deverão ser pagos pelo paciente.

8. Seguros de Saúde

De acordo com a Administração do Social Security, as companhias não poderiam se negar a abrir um seguro de saúde para pessoas que não possuem Social Security (www.ssa.gov). Porém, cada companhia tem suas regras internas.

Há companhias que não aceitam segurados sem Social Security porque em certos casos o seguro de saúde dá cobertura até certo ponto. Quando o limite é ultrapassado, o governo poderá cobrir parte do restante através do Medicaid para o residente legal.

Para pessoas com problemas constantes de saúde muitas vezes compensa ter um seguro médico, já que os preços das consultas particulares geralmente são altos.

Converse com representantes de seguradoras para saber mais sobre as regras internas da companhia e as possibilidades. Veja mais sobre seguros de saúde no capítulo sobre Seguros deste Manual.

Há Estados que oferecem cobertura de saúde gratuita ou de baixo custo:
• New Jersey - NJ Family Care para crianças e adolescentes até 18 anos de idade independente do status imigratório. A qualificação se baseia na renda mensal conforme o tamanho da família. Esse programa, que não é de previdência social, inclui consultas médicas, óculos, hospitalização, exames

laboratoriais, radiografias, receitas médicas, exames gerais regulares (check ups), saúde mental e tratamento dentário. Consulte a página em português do site www.njfamily.org ou ligue para o número gratuito 1-800-701-0710 e peça por um atendente que fale português.

- New York - Family Health Plus (www.health.state.ny.us/nysdoh/fhplus), seguro de saúde do governo para pessoas de baixa renda de 19 a 64 anos, cidadãos ou residentes permanentes. Também para pessoas em processo de andamento na imigração ou como residentes permanentes provisionais, Permanent Resident Under Color of Law - PRUCOL.
- Child Health Plus - oferece cobertura para gestantes, crianças e adolescentes até 19 anos, independente do status imigratório. Paga-se de acordo com o rendimento familiar.
- Medicaid: programa do governo para residentes legais de baixa renda. Cada Estado administra e possui suas próprias regras para qualificação.
- New York - o site do Medicaid é www.health.state.ny.us/health_care/medicaid Para ligações gratuitas: 1-877-472-8411.
- New Jersey - www.state.nj.us/humanservices/dmahs/dhsmed.html Ligações: 1-800-356-1561.
- Massachusetts - www.cms.hhs.gov/medicaid Ligações: 1-877-267-2323
- California - www.medi-cal.ca.gov Ligações : 1-800-541-5555
- Florida - www.fdhc.state.fl.us/Medicaid Ligações: 1-888-419-3456
- Illinois - www.dhs.state.il.us/mhdd/mh/medicaidInformation Ligações: 1800-843-6154
- Medicare: programa do Department of Health and Human Services - DHHS, do governo federal. Dá assistência médica a aposentados geralmente acima de 65 anos. A cobertura é de 80% e aqueles que não tiverem condições de quitar o restante poderão recorrer ao Medicaid. Site: www.medicare.gov Telefone: 1-800-633-42273
- ADAP Aids Drug Assistance Program: Programa de Assistência para soropositivos que disponibiliza medicamento e tratamento para HIV/Aids gratuitamente. Cada Estado administra e possui suas próprias regras para qualificação. Informações: 212-367-1471

Capítulo 2 - Tratamento dentário

Para quem não está em boa situação financeira, uma opção é procurar atendimento nos hospitais universitários, com tratamento realizado por estudantes estagiários, sob supervisão do professor. Recém-chegados com aparelho nos dentes e que precisam dar continuidade ao tratamento ortodontológico nos Estados Unidos, também podem tentar recorrer aos hospitais universitários. Quando o caso é aceito, geralmente trocam o aparelho dentário.

• A disparidade de custo do tratamento odontológico particular entre o Brasil e os Estados Unidos costuma ser muito grande.

Olho vivo! *A saúde bucal é extremamente importante. Quem freqüenta dentista rotineiramente costuma gastar pouco e quase nunca tem cárie.*

Existem para os dentistas os mesmos requerimentos para um médico geral. Dentistas formados nos Estados Unidos são médicos formados, com pós-graduação em odontologia. Os especialistas costumam ter doutorado e ensinar nas faculdades. Dentistas estrangeiros têm de validar seu diploma e graduação nos moldes da educação americana, além de dever cumprir outros requisitos como ter licença estadual para clinicar. Outro requisito é um seguro para cobrir eventuais danos ao paciente.

Há profissionais que se dizem dentistas, mas eram apenas protéticos no país de origem. Consultórios dentários ilegais nem sempre dispõe de esterilização dos instrumentos sujeitando pacientes a doenças transmissíveis como hepatite, tuberculose e HIV.

Alguns hospitais universitários que atuam na área de odontologia na cidade de New York:

New York University - NYU possui uma das clínicas mais destacadas, principalmente em tratamento de câncer oral (www.nyu.edu/dental).

Columbia University Medical Center, tão grande como o Hospital das Clínicas de São Paulo, abriga a faculdade de odontologia e cirurgia School of Dental and Oral Surgery (http://dental.columbia.edu/).

Capítulo 3 - Vacinas das crianças

Na maioria dos grandes centros urbanos, a vacinação para as crianças é oferecida gratuitamente pelo departamento de saúde (Health Department).

É obrigatória a apresentação da carteirinha de vacinação da criança para matrícula em qualquer escola no país. A vacinação pode ser fornecida gratuitamente pelo Departamento de Saúde. Se os pais não tiverem como comprovar que a criança já foi vacinada, a criança terá de tomar todas as vacinas novamente.

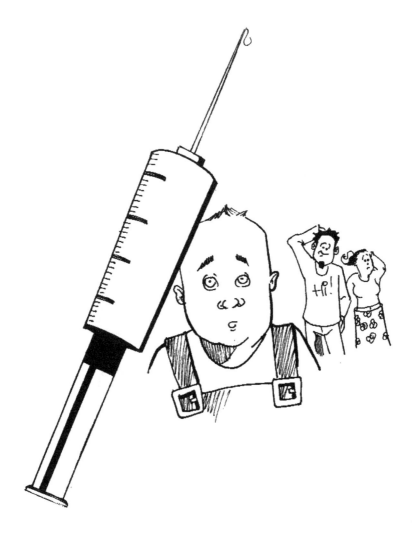

Tabela de equivalência de vacinas entre o Brasil e os Estados Unidos

IDADE	VACINAS	DOSES	DOENÇAS EVITADAS
Ao nascer	BCG - ID	dose única	Formas graves de tuberculose
	Vacina contra hepatite B *(1)*	1ª dose	Hepatite B
1 mês	Vacina contra hepatite B	2ª dose	Hepatite B
2 meses	VORH (Vacina Oral de Rotavírus Humano)	1ª dose	Diarréia por Rotavírus
	VOP (vacina oral contra pólio)	1ª dose	Poliomielite (paralisia infantil)
	Vacina tetravalente (DTP + Hib) *(2)*	1ª dose	Difteria, tétano, coqueluche, meningite e outras infecções causadas pelo *Haemophilus influenzae* tipo b
110 4 meses	VORH (Vacina Oral de Rotavírus Humano)	2ª dose	Diarréia por Rotavírus
	VOP (vacina oral contra pólio)	2ª dose	Poliomielite (paralisia infantil)
	Vacina tetravalente (DTP + Hib)	2ª dose	Difteria, tétano, coqueluche, meningite e outras infecções causadas pelo *Haemophilus influenzae* tipo b
6 meses	VOP (vacina oral contra pólio)	3ª dose	Poliomielite (paralisia infantil)
	Vacina tetravalente (DTP + Hib)	3ª dose	Difteria, tétano, coqueluche, meningite e outras infecções causadas pelo *Haemophilus influenzae* tipo b
	Vacina contra hepatite B	3ª dose	Hepatite B
9 meses	Vacina contra febre amarela *(3)*	dose única	Febre amarela
12 meses	SRC (tríplice viral)	dose única	Sarampo, rubéola e caxumba
15 meses	VOP (vacina oral contra pólio)	reforço	Poliomielite (paralisia infantil)
	DTP (tríplice bacteriana)	1º reforço	Difteria, tétano e coqueluche
4 - 6 anos	DTP (tríplice bacteriana)	2º reforço	Difteria, tétano e coqueluche
	SRC (tríplice viral)	reforço	Sarampo, rubéola e caxumba
10 anos	Vacina contra febre amarela	reforço	Febre amarela

(1) A primeira dose da vacina contra a hepatite B deve ser administrada na maternidade, nas primeiras 12 horas de vida do recém-nascido. O esquema básico se constitui de 03 (três) doses, com intervalos de 30 dias da primeira para a segunda dose e 180 dias da primeira para a terceira dose.

(2) O esquema de vacinação atual é feito aos 2, 4 e 6 meses de idade com a vacina Tetravalente e dois reforços com a Tríplice Bacteriana (DTP). O primeiro reforço aos 15 meses e o segundo entre 4 e 6 anos.

(3) A vacina contra febre amarela está indicada para crianças a partir dos 09 meses de idade, que residem ou que irão viajar para área endêmica (estados: AP, TO, MA MT, MS, RO, AC, RR, AM, PA, GO e DF), área de transição (alguns municípios dos estados: PI, BA, MG, SP, PR, SC e RS) e área de risco potencial (alguns municípios dos estados BA, ES e MG). Se viajar para áreas de risco, vacinar contra Febre Amarela 10 (dez) dias antes da viagem.

(4) Em alguns estados, esta dose não foi implantada. Aguardando conclusão de estudos referentes a efetividade da dose de reforço.

Fonte: A tabela acima se baseia nos dados da Tabela de Vacinação da Fundação Nacional de Saúde - FUNASA, encontrada no site www.sopape.com.br, da Sociedade Paraense de Pediatria e também nos dados do Instituto de los Mexicanos en el Exterior encontrados no site www.sre.gob.mx/ime

1. Vacinação contra tuberculose (Tuberculosis Vaccine)

No Brasil, todos recebem imediatamente ao nascer a vacina contra a tuberculose conhecida como BCG. Nos Estados Unidos, isso não acontece. Portanto, se nos Estados Unidos for solicitado ao brasileiro o teste de tuberculose (PPD/ Purified Protein Derivate) não deverá realizá-lo.

O bacilo inerte, isto é, não-infeccioso, usado na fabricação da vacina é o mesmo usado para o teste de diagnóstico. É aquele da raspadinha no braço para ver se há reação ao bacilo inerte, dois dias depois. Se houver reação, é um modo seguro de saber que houve exposição ao bacilo.

Olho vivo! O problema em repetir a exposição ao bacilo é uma possível reação alérgica muito debilitante ou uma inflamação da pele. Para diagnosticar tuberculose pode-se tirar radiografia dos pulmões.

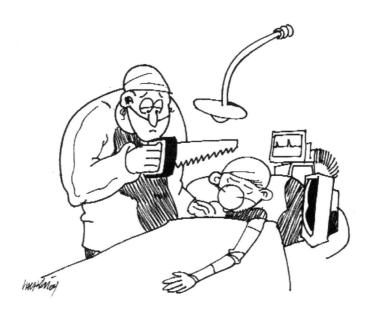

No Brasil, o reforço vacinal é desnecessário se quando era criança você tomou a primeira dose após os cinco anos. O Ministério da Saúde só recomenda a aplicação da vacina BCG em profissionais de saúde que trabalham direto com pacientes de tuberculose ou AIDS, e em pessoas em contato com hansenianos só porque poderão ser não-reatores ou reagir pouco ao teste de tuberculose. Nestes casos é que se recomenda duas doses com intervalo mínimo de seis meses. A cicatriz vacinal é considerada como sinal da primeira dose, independentemente do tempo transcorrido.

2. Vacinação contra o vírus da gripe influenza (gripe forte)

Todos os anos no início do inverno ocorrem epidemias causadas pelo vírus da influenza, também conhecido por flu, equivalente à gripe ou ao resfriado muito forte no Brasil, que pode causar morte de idosos, crianças e pessoas com sistema imunológico comprometido.

A vacinação contra o flu é feita para aqueles que possam estar mais vulneráveis a se infectarem. Geralmente é no outono que muita gente começa a tomar vacina contra o vírus da gripe como medida preventiva.

Cuidado! - Pessoas alérgicas a ovos não podem tomar a vacina contra o flu.

O vírus da gripe ataca principalmente o sistema respiratório e por isso entre os sintomas típicos constam as dores de garganta e o congestionamento nasal. Há dor no corpo, geralmente intensa. A pessoa pode sentir o corpo todo dolorido. Há febre alta e pode haver calafrios que, intercalados, assustam, além de dar muita moleza. Há mal-estar, mas náusea e vômito não são característicos.

A duração dos sintomas varia de uma pessoa para outra. Em algumas, os sintomas podem durar até mesmo uma semana. Outras chegam a ter vários dias de febre. E há quem continue sentindo-se cansado e sem ânimo por muito tempo.

O vírus da gripe é altamente contagioso, transmitido por gotículas, quando o infectado espirra, tosse ou mesmo fala próximo ao rosto de outra pessoa. As epidemias virais costumam atacar primeiro as crianças, nas escolas. Seus pais se contagiam e os transmitem no trabalho. Outros lugares de reunião como igrejas e ambientes festivos, por estarem fechados durante os meses de inverno, são ideais para propiciar a contaminação.

Não há tratamento específico para pacientes com o vírus do momento. Os médicos costumam remediar para aliviar sintomas como as dores musculares. A pessoa que esteve gripada poderá continuar sendo contagiosa.

Há uma séria contra-indicação ao uso de antibióticos para qualquer vírus. Antibióticos não são antivirais. Antibióticos só devem ser usados para infecções bacteriológicas.

Olho vivo: A melhor forma de evitar contrair o flu é lavar as mãos adequadamente e várias vezes ao dia.

3. Vacina contra tétano (tetanus)

Nos Estados Unidos, deve-se tomar vacina contra tétano em cada dez anos.

4. Vacina contra a hepatite tipo B (hepatitis B)

As crianças deverão tomar um total de três doses de vacina preventiva da hepatite viral B e para serem protegidas da grave lesão hepática que poderá surgir mesmo 20 ou 30 anos depois da infecção. Essa vacina foi desenvolvida como a primeira tentativa de vacina anticâncer e é bem capaz de efetivamente defender o fígado.

Nos Estados Unidos, há cerca de 1 milhão e 25 mil pessoas com infecção crônica pelo vírus da hepatite B. Estima-se que a cada ano, 80 mil pessoas, na maioria jovens adultos, sejam infectados com o vírus da hepatite B. Mais de 11 mil pessoas são hospitalizadas anualmente por causa da hepatite B. Entre 4 e 5 mil pessoas morrem de hepatite B crônica anualmente no país.

Vacinação de bebês cuja mãe esteja infectada com o vírus da hepatite B:
• Primeira dose: dentro de 12 horas após o nascimento
• Segunda dose: de 1 até 2 meses de idade
• Terceira dose: aos 6 meses de idade

Vacinação de bebês cuja mãe não esteja infectada com o vírus da hepatite B:
• Primeira dose: entre o nascimento e 2 meses de idade
• Segunda dose: de 1 até 4 meses de idade (ao menos um mês após a primeira dose)
• Terceira dose: de 6 até 18 meses

Vacinação de crianças mais velhas, adolescentes e adultos:
• Primeira dose: a qualquer momento
• Segunda dose: de 1 até 2 meses após a primeira dose
• Terceira dose: de 4 até 6 meses após a primeira dose

Devem ser tomadas três doses de vacina. Se a pessoa perder uma dose ou estiver atrasada em relação às datas previstas, deverá tomar a dose seguinte o quanto antes. Não será preciso recomeçar da primeira dose.

Atividades sexuais. A vacina contra hepatite B também é altamente recomendável como prevenção para homens que fazem sexo com homens e pessoas sexualmente ativas com múltiplos parceiros.

5. Infecção bacterial por hemófilo influenza (Haemophyilus Influenza)

O Haemophilus influenza é um tipo de bactéria que pode causar várias doenças como meningite, epiglotite e pneumonia, uma séria ameaça à vida das crianças pequenas.

Antes da vacina ter sido descoberta, mais de 10 mil crianças desenvolviam meningite por haeemophilus nos Estados Unidos todos os anos. Aproximadamente 500 delas morriam e 3.800 ficavam mentalmente retardadas, cegas ou surdas, ou então adquiriam paralisia cerebral como seqüela da doença.

Depois da vacina, o Haemophilus influenza tornou-se uma ameaça muito rara nos Estados Unidos.

Capítulo 4 - Câncer

Há várias Associações nos Estados Unidos de apoio a pessoas que sofrem de câncer. Há o Instituto Nacional do Câncer (National Cancer Institute, www.cancer.gov) e a Sociedade Americana do Câncer (American Cancer Society www.americancancersociety.org).

1. Leucemia

O objetivo da Fundação Icla da Silva, em New York, é ajudar a salvar a vida de pessoas com leucemia, isto é, o câncer do sangue.

Certos tipos de leucemia não são tratáveis com quimioterapia ou irradiação, mas podem ser tratados mediante transplante de medula óssea.

Medula óssea é uma substância mole que se encontra no interior dos ossos que produz o sangue do corpo humano.

É preciso não confundir medula óssea com a medula espinhal, um engano muito comum. A medula espinhal é um líquido presente nos ossos da coluna dorsal. Faz parte do sistema nervoso central e não tem nada a ver com o sistema circulatório.

Para doar medula óssea os anticorpos do doador devem ser compatíveis com os anticorpos do paciente.

O trabalho da Fundação Icla da Silva é importantíssimo. Por incrível que pareça, há médico que desconhece as opções do paciente. Em vez de rapidamente verificar quais seriam as opções atuais, vão seguindo protocolos superados e, por inaptidão, acabam protelando um transplante de medula óssea que teria sido possível. É nesse tipo de situação que a Fundação pode intervir, informando ao médico da pessoa com leucemia que a tiver procurado, como o transplante pode e deve ser feito em tempo hábil.

2. Cadastramento

Geralmente quem procura a ajuda da Fundação é porque não tem um doador entre os próprios familiares, uma vez que a estimativa de compatibilidade entre irmãos costuma ser de apenas 25%.

A Fundação inicia a busca de um doador compatível, normalmente dentro do mesmo grupo étnico do paciente. Mesmo assim, a probabilidade de compatibilidade entre brasileiros é de um para 20 mil.

A Icla da Silva oferece suporte logístico, emocional e financeiro aos pacientes e a seus familiares. Em seu trabalho, costuma educar indivíduos pertencentes aos vários grupos étnicos, cadastrando-os como sendo brasileiros, hispanos e afro-americanos, e enviando esses dados ao Programa Nacional de Medula Óssea nos Estados Unidos.

Cadastrar-se junto à Fundação é bastante fácil. Basta preencher um formulário específico e fazer um exame de compatibilidade apenas passando um cotonete pela parte interior da bochecha. Trata-se de um processo novo iniciado recentemente. O doador nos EUA pode solicitar o kit por correio. A Fundação existe há vários anos e possui milhares de pessoas cadastradas.

Todos os resultados são enviados para o Banco de Doadores, com escritório central em Minneapolis (Minesotta). O Programa Nacional de Medula Óssea nos Estados Unidos concentra o maior número de pessoas cadastradas no mundo todo, totalizando mais de seis milhões de doadores registrados.

As amostras são analisadas para identificar os anticorpos de cada doador e para verificar se há compatibilidade com pessoas que têm leucemia e necessitam do transplante de medula óssea.

Para se cadastrar como possível doador basta fazer o registro que continuará válido até completar os 61 anos de idade. Por essa razão é importante preencher a ficha de cadastramento corretamente e comunicar a Fundação em caso de mudança de endereço.

Já ocorreram situações em que a Fundação encontrou doadores 100% compatíveis, mas teve dificuldade em localizá-los. O doador precisa manter o endereço atualizado ou vidas podem deixar de ser salvas.

3. Doação

Quando encontra um doador compatível, a Fundação entra em contato com ele para saber se continua interessado em doar medula óssea. Se o doador concordar, a Fundação o chamará para extrair nova mostra de sangue e certificar-se da compatibilidade em exame mais detalhado, além de um exame físico geral para assegurar-se que o doador se encontra em bom estado de saúde.

Há duas maneiras de doar medula óssea.

1ª) Atualmente a maioria das doações é feita da seguinte forma:
- Por quatro dias, o doador deverá tomar uma injeção subcutânea do hormônio chamado Filgranstin, cuja função é aumentar a produtividade das células-mães no interior dos ossos. Aumentando sua produção, essas células migram pelas veias e vão permear toda a corrente sangüínea.
- Cinco dias após a doação, o doador deverá ir ao banco de sangue, onde doará sangue por um dos braços. As células da medula óssea serão separadas por uma máquina (centrífuga) através do mesmo processo que é usado na doação de plaquetas; os outros componentes do sangue retornam para o doador no outro braço. Esta doação leva mais ou menos três horas.

2ª) A segunda forma de doação corresponde somente a 15% dos casos:
- O doador recebe anestesia local ou geral. Com agulha e seringa, a medula óssea é extraída da parte posterior da pélvis, o osso grande do quadril, um procedimento que leva entre 45 e 60 minutos.
- A quantidade extraída equivale à doação de sangue: 473 ml (one pint), ou seja, uns 4 ou 5% do total de medula óssea no corpo do doador, que se recompõe de duas até quatro semanas.
- Extraída a medula, o doador deverá repousar no hospital por umas cinco horas, voltar para casa no mesmo dia e descansar.

Medula óssea e câncer em geral: Tratamentos de câncer por quimioterapia ou radioterapia esgotam a medula óssea que produz as células matrizes ou células-mães geradoras do sangue. O paciente que recebe a medula doada por transfusão é beneficiado pela produção de células-mães que, a partir das veias, começam a migrar para dentro dos ossos do paciente, onde começam a produzir novas células-mães que por sua vez produzem novas células sangüíneas. Duas semanas depois, a medula transplantada poderá ser detectada em exame de sangue.

4. Campanhas educativas e cadastramento

As campanhas da Fundação são realizadas em todo local onde seja possível reunir pessoas para instruí-las e registrá-las.

O site www.icla.org/drives.htm inclui um calendário das próximas campanhas da Fundação para o cadastramento. Em qualquer Estado, as pessoas poderão dialogar com líderes comunitários e religiosos para desenvolver uma dessas campanhas.

5. Quem é assistido pela Icla da Silva

Originalmente, quando a Fundação foi constituída os pacientes brasileiros eram o principal foco do trabalho. Aos poucos, a comunidade hispano-americana incorporou-se a Fundação.

6. Sobre a Fundação

Icla Fernanda Oliveira da Silva, diagnosticada com leucemia aos 11 anos de idade, não tinha nenhum parente cuja medula óssea fosse compatível para transplante. Na esperança de encontrar um doador, a menina veio com a família de Maceió, Alagoas, para a cidade de New York. Dois doadores foram identificados, mas Icla sofreu uma grave infecção e faleceu. O pai de Icla, Sr. Alci Fernando da Silva, decidiu então incorporar uma organização sem fins lucrativos para ajudar crianças com leucemia. O quadro dos diretores da entidade deu o nome de Fundação Icla da Silva.

A Fundação tem sede no endereço 11-43 47 Avenue, Long Island City, NY - 11101. O telefone é: (212) 593-1807. Quem reside fora da cidade pode telefonar gratuitamente: 1-866- 366-4254 ou se comunicar por e-mail: airam@icla.org O site é www.icla.org

Parte 5
Seu Dinheiro

Capítulo 1 - Bancos (Banks)

1. Abertura de conta bancária

Para estrangeiros abrirem conta corrente (checking account) ou de poupança (savings account), segundo a lei federal é preciso apresentar passaporte. Cada banco tem suas próprias regras internas.

Muitos bancos permitem aos estrangeiros abrir conta mesmo sem ter número de Social Security caso tiverem número de contribuinte fiscal (ITIN).

Maiores detalhes sobre o Social Security e o ITIN no capítulo sobre Sistema Trabalhista deste Manual.

A pessoa que não tiver um número de contribuinte poderá abrir conta bancária preenchendo o formulário de substituição W-8BEN Substitute Form W-8BEN- Certificate of Foreign Status of Beneficial Owner for United States Tax Withholding, (certificado de status de estrangeiro autorizado como beneficiário para fins de retenção de impostos nos Estados Unidos).

2. Como escolher o banco

Avalie todas as conveniências oferecidas.

Pergunte ao funcionário qual seria o valor das taxas mensais da conta corrente.

Olho vivo! Há quem pense que se tem conta corrente grátis, sem pagar sobretaxas, ou nem sabe o que exatamente está pagando ao banco. Em finanças, nada é gratuito.

Questione se o banco tem filiais em outros Estados.

Verifique se cobra taxa para saques, depósitos ou verificação de saldos no caixa eletrônico (Automatic Teller Machine - ATM; pronunciado Êi-Tí-Eme).

Com o cartão eletrônico de acesso à sua conta (ATM card) você poderá fazer saque nos caixas eletrônicos de quase qualquer banco, mas haverá cobrança de uma sobretaxa. Aliás, o mesmo acontece nos caixas automáticos brasileiros.

Pergunte de quanto será a taxa mensal da conta de poupança cada vez que o montante depositado deixa de atingir o mínimo exigido.

Em determinados bancos, quem trabalha para empresas que pagam com cheques semanais dispostas a fazer depósito direto pode ter conta corrente sem cobrança de certas sobretaxas, além de vários outros benefícios.

Vários bancos, principalmente em meio às comunidades imigrantes, possuem funcionários que oferecem serviços em português e espanhol.

3. Crédito

Nos Estados Unidos, chama-se de credit (crédito) a graduação financeira de confiabilidade da solvência individual, ou seja, pontos são dados caso exista a confiança de que a pessoa poderá pagar todas as suas dívidas em dia. Essa graduação de crédito (Credit Rating) é usada por diversas instituições financeiras tais como bancos, estabelecimentos comerciais, empresas de financiamento e tantas outras. Good credit ou bom crédito existe quando o indivíduo consegue provar que paga seus compromissos financeiros em dia entre outros fatores.

Quem não tiver crédito, poderá criar um meio de tê-lo e mantê-lo. Uma possibilidade é assegurar seu cartão de crédito mediante o depósito de uma certa quantia. Mesmo que esses cartões possuam juros altos, isso o ajudará a estabelecer crédito. Com isso, poderá conseguir financiamento para adquirir carros, eletrodomésticos, etc. Vários bancos exigem excelente crédito para fazerem empréstimos.

Jamais atrase o pagamento. Pontualidade costuma ser o primeiro teste de confiança. É sempre da responsabilidade do cliente pagar suas contas dentro do prazo, independentemente do seu valor.

Para obter cartão de crédito assegurado com depósito você precisa ter o número do Social Security.

Toda compra a prestação deverá ser mantida em dia, em seu nome, seja com número do Social Securtity, seja com o ITIN.

4. Cofres de segurança (Safe deposit box)

Não é recomendável guardar dinheiro dentro de casa. Mesmo sem ter conta, poderá guardar seu suado dinheirinho no cofre de um banco, o que não sai muito caro. Também poderá aproveitar para guardar documentos importantes.

Curiosidade

Uma nota de dólar cujo valor não for mais legível, se estiver mutilada, parcialmente destruída, ou queimada, por acidente, vandalismo, seja o que for, poderá ser trocada por outra de mesmo valor no Bureau of Engraving and Printing, casa da moeda do departamento do tesouro. Basta enviar a nota danificada em carta registrada com recibo de entrega (Registered Mail, Return Receipt Requested) para o endereço:

Department of the Treasury
Bureau of Engraving and Printing
Office of Currency Standarts
P.O.Box 37048
Washington, D.C. 20013

Para saber mais sobre a casa da moeda americana visite o site www.moneyfactory.com Informações por telefone: 202-874-2595 ou 202- 874-2141

Capítulo 2 - Remessas ao exterior

1. Como enviar dinheiro

Ao decidir usar os serviços de uma agência de remessa, use sempre a calculadora e confira as contas. A taxa de serviço da remessa poderá ser mínima ou inexistente para o remetente porque a agência irá lucrar no câmbio paralelo do país do destinatário, bem abaixo do valor de mercado.

As regras e os valores estipulados pelo Bank Security Act (lei de segurança bancária) instituído pelo governo dos Estados Unidos para controlar o sistema bancário em todo o país são as mesmas para todas as agências de remessa. Para enviar quantias superiores a mil dólares é preciso apresentar um documento de identidade como carteira de motorista americana ou o passaporte. Legalmente, ninguém pode mandar para o exterior mais de dez mil dólares por dia.

No Brasil se paga pela movimentação bancária (CPMF ou imposto de renda). Esse imposto é calculado de acordo com a movimentação bancária.

Não deixe de verificar se a empresa ou o agente de remessas que escolheu é realmente credenciado. Somente agentes credenciados podem legalmente enviar a remessa.

2. Caixa Internacional

Cidadãos brasileiros em qualquer parte do mundo podem mandar dinheiro para o Brasil através do serviço Caixa Internacional, disponibilizado pela Caixa Econômica Federal.

Para fazer a remessa, o interessado terá de abrir uma conta eletrônica, a e-Conta CAIXA, mesmo que já possua uma conta regular no Brasil. Deverá também ser portador de cartão de crédito internacional Visa, emitido fora do Brasil. Para abrir a conta é necessário ter CPF válido.

O usuário da Caixa Internacional poderá mandar dinheiro para qualquer conta da CAIXA com maior comodidade, pela Internet. Em dois dias, o dinheiro cairá na conta beneficiada.

Na abertura da conta, o usuário escolhe a agência da CAIXA de preferência e duas senhas diferentes são cadastradas: senha da conta e senha internet.

A e-Conta é o principal requisito para adquirir os produtos e serviços disponíveis no site Caixa Internacional, desde que se utilize sempre o cartão de crédito emitido fora do Brasil.

Com a e-Conta, pode-se fazer remessa para qualquer pessoa, titular ou não da conta na CAIXA. Com a conta, também se pode aplicar o dinheiro na poupança e em letras hipotecárias, bem como adquirir um plano de previdência particular.

A soma das aplicações realizadas no mês não poderá ultrapassar a quantia de R$ 10.000,00 já incluído o valor relativo ao CPMF.

Pode-se enviar até R$30.000,00 por mês para remessa de valores, para crédito em conta CAIXA ou para retirada na agência da CAIXA pelo beneficiário. Cada remessa não pode ultrapassar a quantia de R$10.000,00.

Em qualquer remessa ou aquisição de produtos de poupança realizada será cobrada a taxa de 2,55 % sobre o valor da operação. Nos valores remetidos para aquisição de produtos de poupança são incluídos 0,38% relativos a CPMF.

O débito da remessa ou aplicação será sempre efetuado no cartão de crédito.

Quando voltar ao Brasil, para poder usá-la, deverá recadastrar a e-Conta CAIXA, convertendo-a em conta corrente convencional, e possibilitando a livre movimentação de valores.

Os serviços de remessa podem ser solicitados através do site www.caixa.gov.br/ ou mais diretamente no endereço https://internetcaixa.caixa.gov.br/NASApp/siloj/index.do

Nos EUA a CAIXA tem parceria com o bcpbank (Banco Comercial Português), o qual disponibiliza atendimento nos estados de New Jersey, New York e Massachussets. Para realizar a remessa, o cliente deve ter conta corrente ou poupança no bcpbank associada a uma conta corrente ou poupança da CAIXA, que receberá a remessa.

Capítulo 3 - Investir em imóveis

Investir em imóveis nos Estados Unidos (casas, apartamentos e propriedades em geral) pode ser vantajoso pela facilidade de conseguir financiamento, por ser possível pagar mensalmente a hipoteca (mortgage) de uma propriedade em vez de continuar pagando aluguel e aproveitar a valorização do investimento.

Principalmente nas áreas onde há muitos imigrantes, devido à grande procura de casas para alugar ou comprar por parte dos brasileiros, a valorização tem sido rápida; em certas regiões muitas pessoas aproveitaram-se disso para ganhar dinheiro. Mas apesar de ser um bom investimento, também pode dar muita dor de cabeça se o investidor não se manter bem informado.

Há inúmeros corretores de imóveis e agentes de financiamento nos Estados Unidos que realizam atendimento em português.

1. Como comprar

Algumas opções:

a) Através do proprietário do imóvel - quando na frente de determinadas casas há as típicas plaquinhas escritas Sale by Owner (venda através do dono). Muita gente não compra casa diretamente com o dono, por não saber como conseguir financiamento.

b) Através de imobiliárias (real estate agency) ou agentes imobiliários (realtor), que são vendedores licenciados e oficiais de imóveis. Às vezes através da imobiliária pode-se achar o imóvel para comprar de forma mais rápida. Caso o candidato se qualificar para a compra, o agente imobiliário pode intermediar e conseguir o empréstimo hipotecário para o comprador. Muitos agentes imobiliários já têm agentes financeiros ou certas instituições financeiras com os quais estão acostumados a trabalhar.

c) Negociando diretamente com o banco ou agente de financiamento (Loan Officers). Nesse caso, ficará mais fácil para o comprador, ao ser qualificado, comprar diretamente do proprietário do imóvel, podendo ser até mais vantajoso. Agentes de financiamento também podem indicar agentes imobiliários. Muitas pessoas nos Estados Unidos conseguem financiamento antes de encontrar o imóvel e a partir daí o procuram.

Olho vivo: Faça uma pesquisa sobre os financiadores de moradia existentes. Alguns chegam a cobrar para submeter seu pedido no mesmo dia, outros não.

2. Como qualificar para empréstimo

2.A - Crédito

Além de precisar de alguns documentos, um dos requisitos para conseguir a aprovação do empréstimo hipotecário é ter um good credit rating (boa graduação de crédito). No credit rating constam todas as contas ou dívidas, pagas ou não, que foram registradas.

Veja mais sobre crédito na parte "Dinheiro" deste Manual.

2.A.1 - Conhecendo e entendendo o seu Crédito para a compra de imóvel

A FannieMae Foundation, uma organização sem fins lucrativos sediada em Washington-DC, através do site www.fanniemaefoundation.org disponibiliza em vários idiomas, inclusive em português, o guia Como Conhecer e Entender o seu Crédito, desenvolvido

juntamente com a NEFE (National Endowment for Financial Education -
www.nefe.org organização independente sem fins lucrativos para educação sobre finanças
pessoal.

Como Conhecer e Entender o seu Crédito tem 28 páginas e pode ser impresso
diretamente do site ou ser solicitado gratuitamente por telefone à fundação 1-800-688-
4663. Entre os assuntos que você vai encontrar nesse guia superinteressante, estão:

* Como saber se o seu crédito é bom;
* Tipos de informação incluídos no relatório de crédito (credit record). Ensina como
  fazer pedido de um relatório de crédito, cita as principais agências que fornecem
  informações de crédito (www.equifax.com/ , www.experian.com/ e
  www.transunion.com/) e ensina até como corrigir erros no relatório de crédito, caso
  ocorra. Para emitir o relatório, algumas empresas fornecem gratuitamente e outras
  cobram uma pequena taxa;
* O item Como melhorar seu crédito explica como ministrar cartões de crédito com
  coerência;
* Como obter ajuda, oferece opções importantíssimas do que fazer quando ocorrem
  problemas para pagar as dívidas, alertando para evitar companhias de "reparo de
  crédito" e sugerindo locais como universidades, cooperativas de crédito, etc, para
  aconselhamento de crédito;
* Como um orçamento pode ajudar a melhorar o meu crédito, traz folha de trabalho
  onde você pode listar suas rendas e despesas da casa;
* Outros itens sugerem como cortar despesas e aumentar a renda: abordam a importância
  das contas correntes e de poupança; fornecem opções de investimentos como bancos e
  cooperativas de crédito, fundos mútuos e as Contas de Desenvolvimento Individual
  (Individual Development Accounts - IDAs).

2.B - Comprovação de renda

Cada instituição financeira determina o que é válido como comprovante de renda.
Converse com o seu agente de financiamento para saber o que é requerido. Além da
declaração de imposto de renda, também são muitas vezes aceitos como comprovante
de renda o seguinte: contra-cheque do seu salário; extratos bancários ou cópias dos
cheques recebidos; recibos de investimento financeiro.

3. Empréstimo hipotecário

São vários os tipos de empréstimos. Os bancos facilitam a compra de imóveis
através de programas diversificados conforme o crédito do comprador. O governo
também incentiva o investimento em imóveis.

Determinadas empresas realizam empréstimo independente do crédito do cliente, bom ou ruim, com variações de entrada.

O plano da Federal Housing Administration - FHA (agência federal de moradia) pode ser interessante para aqueles que vão comprar um imóvel pela primeira vez. Além de não ter muita burocracia para a aprovação do empréstimo através dos bancos porque inclusive não é necessário ter crédito, o valor de entrada (down payment) no pagamento do imóvel é bem baixo. Apenas não qualificam nesse plano aquelas pessoas que já adquiriram imóvel através do plano da FHA ou que não pretendem morar na casa.

Mais sobre o FHA:

* Há um limite de empréstimo, ou seja, o valor do imóvel não pode exceder o estipulado pelo governo. Por ser um programa do governo, o processo de venda através do FHA, às vezes, é um pouco mais demorado devido às exigências serem maiores com relação à apresentação do documento de avaliação das condições do imóvel (appraisal).
* Se a pessoa interessada não dispor de toda a documentação exigida, poderá procurar bancos que chegam a financiar moradia mediante uma entrada de 25% do valor total. Quanto maior for essa entrada, menor será o risco para o banco.

Olho vivo! Fique muito atento aos agentes financeiros predatórios. Costumam orientar as pessoas na direção oposta dos empréstimos com melhor taxa de juros.

No guia O básico do Empréstimo: O que você não sabe pode lhe prejudicar, da Fannie Mae Foundation. Nesse guia de 12 páginas você pode conferir outros temas, entre os quais Como obter um melhor empréstimo para sua situação e um Glossário de Termos de Empréstimo.

3.A. Um pouco mais sobre hipoteca

No guia Abrindo a Porta para sua Casa Própria (24 páginas), a FannieMae explica os critérios que as instituições financeiras usam para verificar quando o candidato a comprador está qualificado para obter o empréstimo, além de ajudar a entender:
* Como calcular o pagamento da prestação mensal, dinheiro para a entrada (down payment) e custos de concretização (closing costs).
* Como a instituição financeira determina o valor do empréstimo hipotecário que você pode receber.
* Como verificar quanto você pode pedir de empréstimo baseado na sua renda anual (apresenta tabelas de cálculo).

No guia da FannieMae intitulado Como escolher a hipoteca adequada para

você (36 páginas), você encontrará informações do tipo:
* Como descobrir o valor máximo da hipoteca que poderá pagar.
* Como escolher a hipoteca adequada para sua situação.
* Detalhes sobre custos de concretização ("podem incluir transferências e impostos de registro, seguro de títulos, taxa de levantamento de local, honorários de advogados, pontos de descontos de empréstimo e taxas de preparação de documentos").
* Como comparar os prazos entre os agentes imobiliários dá as dicas, por meio de tabelas, do que você deve perguntar aos agentes financeiros.

4. Advogado

Ao se interessar em comprar uma casa, consulte um advogado especializado em imóveis. Esse profissional terá meios de verificar se o imóvel está envolvido em alguma penhora. Mesmo que você já tenha dado uma entrada com intenções de compra, se a casa tiver algum problema, poderá ter seu dinheiro devolvido e a casa voltará para o mercado.

Para determinar o valor do empréstimo, o banco de financiamento mandará um avaliador (appraiser) para analisar as condições do imóvel e em seguida enviará para o banco o documento de avaliação (appraisal) com um relato detalhado, para justificar se o imóvel realmente vale o preço estipulado. O contrato exige que as companhias realizem este tipo de inspeção.

O preço da casa é avaliado a partir da análise do estilo, ano, área etc.

O comprador nunca sabe em que condições o imóvel à venda realmente se encontra. O melhor é se prevenir pagando um especialista que saiba inspecionar a casa, principalmente a fiação interna, e o encanamento, verificando se o comprador terá reparos a fazer e se haverá muitos gastos. É muito importante requerer o relatório letter of disclosure onde são especificados todos os problemas já ocorridos com o imóvel tais como inundação, cupim etc.

5. Fechar negócio

No dia do fechamento do negócio, é entregue o termo de compromisso com todos os valores especificados. O advogado dividirá o cheque pago pelo comprador separando: o valor da entrada a ser dada na casa, a comissão do agente imobiliário, a comissão do advogado, o custo do appraisal, etc.

6. Valor da hipoteca (mortgage ammount)

No valor da hipoteca são incluídos obrigatoriamente o imposto predial e o custo do homeowners' insurance (seguro do proprietário da casa).

7. Refinanciamento

Um ano após a compra do imóvel costuma-se conferir em quanto ficou valorizado. A partir desse relatório pode-se fazer o refinanciamento. São duas as opções:
• Através da redução dos juros nas prestações da hipoteca. Mas nem sempre o refinanciamento é bom; fique de olho no mercado. O valor das prestações acaba sendo decrescente.
• Retirar em dinheiro, comprar outra casa, e considerar outro tipo de investimento.

8. Outras considerações sobre antes e após a compra

Antes de comprar casa, verifique a área onde está localizada, o índice de criminalidade, a qualidade das escolas, o acesso ao comércio, transporte, etc. É importante ter o máximo de informações para não sair prejudicado se quiser depois revender seu imóvel.

Dependendo da localidade e das condições da casa, é proibido alugar ou morar no sótão (attic), ou no porão (basement). Dependendo da localidade, pode-se pedir autorização para adaptar um espaço irregular como moradia, desde que se cumpra as exigências das leis locais referentes, por exemplo, saídas de incêndio, etc.

Para fazer qualquer reforma dentro de casa, mesmo sendo a sua própria, você precisa requerer o alvará, ou estará sujeito a multas.

Outro detalhe importante ao comprar ou alugar moradia, é verificar se a terra ou o subsolo não contém material tóxico apesar da boa aparência externa. Em Newark, NJ, várias casas foram construídas em áreas antes ocupadas por fábricas com um alto nível de toxicidade, extremamente prejudiciais à saúde. Em Staten Island, NY, várias casas foram construídas sobre antigos aterros sanitários, o popular "lixão". A imobiliária deve informar se na terra há materiais protetores. O Governo Federal é responsável pela análise da toxidade da terra, do ar, enfim, do meio ambiente. A agência federal de proteção do meio-ambiente (Environment Protection Agency - EPA) tem a obrigação de manter um cadastro de cada região onde há material tóxico e disponibilizá-lo ao público.

Após a compra do imóvel, usualmente há inspeção para analisar se o ambiente é habitável e sem violação do código de construção. Em algumas casas antigas, quando a tinta começa a se desprender da parede ou do teto, é preciso fazer raspagem e pintar novamente usando tinta não tóxica sem traços de chumbo (led). Se a casa estiver "dentro dos conformes", o proprietário receberá um certificado de ocupação do ambiente.

Olho vivo! Faça questão de estar presente no dia marcado da inspeção.

8.1 - Certas despesas que devem ser consideradas

Impostos: além do imposto de compra do imóvel e do imposto territorial pago a Prefeitura anualmente e que pode ser parcelado, para donos de imóveis residenciais também existe o imposto escolar. O dinheiro arrecadado deste imposto é usado para o distrito escolar onde a propriedade está localizada, independente se os ocupantes do imóvel têm crianças ou não matriculadas na escola daquele distrito. Esse imposto varia de um lugar para outro; nos distritos escolares mais afluentes o imposto é mais caro.

Manutenção estrutural: por serem de madeira, muitas casas precisam de manutenção constante, seja das paredes, do teto ou do aspecto exterior. Em certas localidades, há abundância de cupins (termite) e isso exige atenção anual. O pavimento da garagem, da calçada, cercas ou muros também geram certas despesas que o proprietário deve estar preparado.

Manutenção estética: em muitas localidades exige-se que certos aspectos estéticos da propriedade sejam mantidos ou preservados. Isso pode incluir o podamento de árvores, arbustos, plantas, manutenção do gramado (lawn) e outros aspectos da aparência geral da propriedade tal como recolhimento de lixo, folhas, etc.

9. COOPS e CONDOS

CONDO (Condomínio) - Como no Brasil, os proprietários pagam impostos proporcionais ao tamanho do apartamento. O pagamento é feito diretamente à Prefeitura. Na maioria dos CONDOS é desnecessário que alguém do prédio aprove a venda do imóvel.

COOP (Cooperativa) - É uma forma de adquirir apartamento através da compra de um certo número de ações de um imóvel. Os prédios funcionam como companhias. Sendo uma empresa, a Cooperativa deve ter um quadro de diretores eleitos conforme as regras de cada prédio.

Geralmente os apartamentos das COOPs são mais baratos que os apartamentos dos CONDOS. O prédio todo da COOP paga um imposto único para a cidade. Em alguns lugares, também a conta da água cobre o prédio todo, reduzindo os custos mensais de cada um. Como no Brasil, também é preciso pagar a taxa do serviço de manutenção do prédio.

Uma pessoa só poderá ser aceita para comprar um apartamento em uma COOP quando o quadro dos diretores desta aceitá-la. Nem toda pessoa é aceita, como aconteceu com a cantora Madonna em certo prédio de New York. Poder aquisitivo nada significa para a COOP. Seus diretores analisam o pedido da pessoa, de onde vem, porque quer morar ali, etc, e se reservam os direitos de conceder para ela o privilégio.

10. Como escolher profissionais

Todo agente imobiliário tem que possuir licença para vender imóveis.
Todo avaliador tem de ser registrado na mesma localidade onde trabalha.

**Olho vivo! Faça uma pesquisa sobre as agências imobiliárias ou agentes.
Muitos prometem várias coisas, incluindo itens no imóvel, certas taxas, etc,
mas quando chega no dia do fechamento do contrato isso não acontece.**

Capítulo 4 - Abertura de negócio

Os Estados Unidos é conhecido como o país da oportunidade, por haver
muitas facilidades em comparação com a burocracia de outros países.

Para abertura de negócio, dependendo do Estado e do tipo de negócio, não
é requerido o número do Social Security ou do ITIN para ser proprietário.
Porém, é necessário que toda empresa declare e pague os devidos impostos.
Para isso deverá ter o EIN - Employment Identification Number

Dependendo das leis locais e do tipo de negócio, as empresas poderão ser
registradas de maneiras diferentes.

1. O começo

Antes de abrir oficialmente um negócio, é muito útil alguma experiência anterior no ramo para ter uma idéia da aceitação dos produtos no mercado, das despesas, das margens de lucro, etc. Vários empreendedores na área de restaurantes, por exemplo, iniciaram o negócio de forma caseira, comercializando algum produto entre amigos e conhecidos. Assim foram testando a aceitação do produto e o negócio teve um crescimento ordenado.

Faça um bom planejamento financeiro antes de abrir qualquer negócio. Crie um plano de negócio que inclua uma previsão de lucros e perdas.

Ter um bom crédito pessoal no banco também é importante, principalmente para adquirir empréstimos, se necessário. Como o começo costuma ser difícil, o empreendedor não poderá depender de um rápido retorno financeiro e terá que investir.

2. Descubra um bom local para o seu negócio

Identifique as características do seu negócio e as instalações que irá necessitar.

Decida qual a localização melhor para o seu negócio e averigüe o preço médio de aluguel dessa área.

Certifique-se de que a empresa poderá ser aberta no local desejado. Informe-se junto a Prefeitura se o seu negócio seria compatível com o endereço e posicionamento do imóvel. É importante saber a maneira certa de dar entrada e como caracterizar o seu negócio.

Se estiver recorrendo à ajuda de um profissional, o mesmo poderá dar entrada ao seu pedido e documentação na Prefeitura. O Departamento de Construção deverá analisar a estrutura do prédio onde o negócio deverá ser aberto. O empreendedor deverá estar preparado financeiramente caso reformas e adaptações devam ser feitas no local. Em caso de estabelecimento na área alimentícia, além de precisar ser registrado, o estabelecimento estará sujeito às inspeções e regulamentações do Departamento de Saúde.

Na parte externa de toda instalação em reforma é necessário exibir o alvará.

Se trabalhar em casa, certifique-se que as suas atividades de negócio não violam restrições municipais de zoneamento.

Determine quanto poderá pagar de aluguel. Antes de assinar um contrato de arrendamento examine-o cuidadosamente e negocie o melhor acordo.

3. Certas burocracias

Em certas localidades, para oficialmente abrir as portas de um determinado estabelecimento, fazer reformas externas e estruturais, precisa-se ter aprovação oficial das autoridades locais ou de certos profissionais cuja função é analisar o impacto que o negócio irá gerar sobre a comunidade. Para preservar a comunidade, as autoridades prestam atenção nos fatores negativos a respeito da empresa.

Caso precise reforma, contrate profissionais licenciados e com seguro tais como eletricista, encanador, etc.

4. Tipos de negócio

Pesquise os vários tipos de estrutura de negócios, que poderão ser como pessoa jurídica, sociedade, corporação, concessão (franchise), etc.

Tenha sempre cautela em aceitar os conselhos de certos profissionais que você consultar antes de abrir uma sociedade ou corporação.

A vantagem de abrir uma empresa como corporação é que geralmente os diretores não têm seus bens pessoais confiscados se a empresa falir ou for processada.

Caso ocorra falência ou incidentes imprevisíveis como desastres naturais, é conveniente ter um seguro total em vez do simples seguro básico (minimum liability ou mininum coverage) que só cobre uma parte.

Para empresas com rendimento anual acima de um certo valor é necessário que a contabilidade seja feita ou aprovada por um contador oficial certificado (CPA - Certified Public Account). Se for de pequeno porte, o próprio empresário poderá fazer a contabilidade. Basta estar sempre atualizado e atento às leis estaduais e federais.

Olho Vivo! Antes de optar pela estrutura que terá o seu negócio, investigue as outras opções, consulte vários profissionais e compare.

5. Ajuda de profissionais

Ao procurar consulta profissional peça referências para amigos e conhecidos de confiança. Diplomas e certificados na parede do escritório só, não bastam. Desconfie sempre dos profissionais que apresentam muitas facilidades na abertura do negócio. Cheque junto aos órgãos de fiscalização se são realmente credenciados.

6. Sobre o nome da empresa

Pense em vários nomes possíveis de negócio adequados à companhia que deseja abrir em base à linha de produtos ou serviços que gostaria de oferecer. Procure junto ao escritório do oficial do condado ou município onde quiser se estabelecer se o nome proposto não se encontra na lista de nomes fictícios ou verdadeiros já existentes.

Faça uma busca federal ou estadual da sua lista de propostas de nomes. Se uma das suas alternativas já existir, deverá ao menos modificá-la de modo a não confundir os clientes, de forma a não infringir no trademark (marca registrada) de outra firma.

Registre o nome de negócio; como trademark.

É importante garantir o "domínio" (domain) na Internet antes que outra firma se aproprie do nome escolhido. Para registrar, paga-se um valor anual.

7. Faça o pedido de Licenças e Permissões (Permit)

Obtenha o EIN-Employer Identification Number, (número de identificação de empregador), também conhecido como Federal Tax ID Number (número federal de pagamento de impostos). Para mais informações em inglês sobre o EIN consulte o site do IRS (leão americano) www.irs.gov

Obtenha autorização do Estado para cobrar impostos sobre as vendas (Sales taxes) e obter isenção ao comprar mercadorias se for vender no varejo.

Obtenha licenças estaduais ou locais, obrigatórias em caso de determinadas atividades profissionais como cabeleireiro, manicure, maquiador, colorista, embalsamador funerário, assistente de cozinheiro, etc.

8. Obtenha Seguro

Toda empresa com funcionários ou que envolvam qualquer pessoa trabalhando, requer o Workers Compensation Insurance (Seguro de Compensação do Trabalhador).

Determine seguros adicionais para propriedade que requer cobertura.

Entre em contato com agentes de seguros que lhe dêem estimativas para o caso particular do seu negócio. Verifique os preços, pois há variação no mercado.

Obtenha seguros que cubram terceiros em suas instalações no caso de visitas.

9. Prepare o seu sistema de contabilidade

Dependendo do tipo de negócio, escolha entre um ano fiscal ou um ano normal de calendário com encerramento em 31 de dezembro.

Crie um sistema de registro de dados de todos os pagamentos e recebimentos do seu negócio.

Há softwares como o Quickbooks que calculam toda a contabilidade, substituindo o uso de livros escritos à mão.

10. Registre e prepare procedimentos antes de contratar empregados

Se ainda não o fez obtenha um EIN-Employer Identification Number.
Para mais de cinco funcionários, às vezes é vantajoso pagar profissionais para cuidar da folha de pagamento. Há contadores que a realizam por uma pequena taxa compatível para pequenas empresas, como a firma Automatic Data Processing, Inc. - ADP que você poderá acessar no site www.adp.com

Há patrões inescrupulosos que deduzem os impostos da folha de pagamento dos empregados e não os repassam ao governo. Quando flagrados pelo governo, podem ir para a cadeia.

De acordo com o Estado, o empregador tem a obrigação de notificar todo funcionário, geralmente através de um quadro de avisos (bulletin board), quanto aos seus direitos em relação ao Workers Compensation Insurance, Unemployment Insurance, Minimum Wage, Anti-discrimination laws, etc.

Crie um formulário de pedido de emprego a ser preenchido que seja específico de cada categoria de trabalho.

Todo funcionário deverá preencher os formulários W-9, W- 4 e I-9 corretamente. Cópias dos mesmos deverão ser arquivadas pelo empregador junto às cópias dos documentos requisitados.

Olho vivo! Por todos os Estados Unidos existem leis de antidiscriminação que impedem que empregadores selecionem candidatos a emprego baseados em: origem nacional, raça, religião, sexo, orientação sexual, gênero, idade. As leis variam entre os Estados e localidades.

11. Abertura de empresas na área de bebidas alcoólicas

Há várias restrições em New York com relação a venda de bebidas alcoólicas. A maioria das liquors stores (lojas de bebidas) permanece fechada aos domingos. Do contrário, pela lei o estabelecimento terá que ficar fechado durante um dia da semana.

Todos os restaurantes também têm que ter uma licença especial (liquor license) para poder vender bebida alcoólica.

Há diferença no tipo de licença concedido para venda de bebidas alcoólicas entre os bares e estabelecimentos que vendem comidas ou restaurantes.

12. Dicas

Há instituições que ajudam o investidor a fazer um planejamento financeiro, como por exemplo a agência para pequenos negócios do governo, o Small Business Administration (www.sba.gov).

Capítulo 5 - Planejamento financeiro

Da mesma forma que todo imigrante é obrigado a se adaptar a um novo idioma e outros hábitos culturais, alimentares, etc, é impossível produzir e manejar o dinheiro produzido sem se adaptar à cultura, à economia e à legislação do país de imigração.

A expectativa de vida nos Estados Unidos em 1900 era de 47 anos; hoje é de 77, e a longevidade tende a aumentar. Num país onde o custo de vida é elevado, o imposto é alto e a educação custa cada vez mais, num patamar muito além ao da inflação, pode-se deixar de alcançar objetivos importantes simplesmente por falta de planejamento.

Há uma diferença cultural importante entre o hábito de planejar adiantado, tão tipicamente americano e o seu oposto, o "dá-se um jeitinho" da tão decantada capacidade de improvisação brasileira.

A base fundamental do planejamento financeiro é deixar de dever e começar a possuir. As pessoas muitas vezes enfrentam uma situação financeira difícil simplesmente por não pensar duas vezes antes de tomar qualquer decisão envolvendo dinheiro, sem ter a cautela necessária para com as obrigações assumidas.

1. Débitos pessoais

Imigrantes que usam de forma exagerada o telefone para falar com a família no Brasil podem acabar devendo grande quantia de dinheiro em muito pouco tempo para as companhias telefônicas. Essa dívida quando não quitada pode fazer com que a pessoa tenha um crédito ruim (bad credit).

Compras a prestação e crediário são formas que tem levado muitos imigrantes a endividarem-se rapidamente. O grande acesso a itens e artigos de consumo, além da facilidade no pagamento, faz com que muitos gastem mais do que podem.

É muito comum nos Estados Unidos ter acesso a cartões de crédito. Muitas vezes, as linhas de crédito podem ser bem altas. Também é alta a porcentagem de pessoas no país com saldo devedor acima de oito mil dólares.

Há várias organizações que ajudam aqueles com dívida a quitarem suas contas pendentes. Embora muitas sejam consideradas sem-fins-lucrativos, estas cobram pelos serviços prestados.

Um bom programa de recuperação de dívidas deverá ajudá-lo a criar um orçamento. Normalmente leva-se de cinco a seis anos para reorganizar a vida financeira e sair do saldo negativo. Por isso, pense sempre duas vezes antes de criar uma dívida. A solução poderá ser demorada e cheia de sacrifícios.

2. Orçamento (Budget)

A maioria das pessoas nos Estados Unidos recebe salários semanalmente e como paga suas contas mensalmente é necessário fazer um orçamento, ter controle do rendimento (income) e despesas (expenses). Isso é extremamente importante para aqueles que recebem diariamente tais como: empregado doméstico (housekeeper), garçom (waiter), jardineiro (gardener), cabeleireiro (hairdresser), dançarinos (dancers), etc.

O orçamento pode ajudar a fazer um bom planejamento e pode ser feito pela própria pessoa num simples bloco de anotações.

3. Investimento

Todos os bancos tanto quanto companhias de investimentos possuem profissionais especializados em planejamento financeiro (financial planning). O interesse de cada profissional é convencer o cliente a aplicar dinheiro na própria instituição onde trabalha. Esses profissionais podem ser licenciados e/ou cadastrados ou não e depende da companhia, onde trabalham, de fiscalizar a competência dos mesmos.

Existem mais de 60 tipos de licenciatura diferentes para profissionais de investimento. Os nomes destes profissionais, genericamente, podem variar de:
• Financial Analyst - Analista Financeiro
• Financial Planner - Planejador Financeiro
• Financial Adviser - Conselheiro Financeiro
• Investment Consultant - Consultante de Investimento
• Financial Consultant - Consultante Financeiro
• Wealth Manager - Gerente de fortuna

Para selecionar um profissional de investimento é necessário ter cautela. Encontre-o pessoalmente para entrevista no escritório e pergunte quais são:
• As áreas de especialização
• O nível educacional, licenciatura e registro profissional
• A experiência profissional
• Os serviços oferecidos
• As possibilidades de exclusividade no atendimento
• As formas de pagamento pelos serviços (podem ser: salário pago pela companhia, taxas baseadas na movimentação de seus investimentos, comissões pagas por terceiros por produtos vendidos, qualquer combinação dos citados e outros)
• As pessoas ou empresas que irão se beneficiar com o investimento
• As maneiras de proteção que terá a respeito do investimento

Um bom profissional de investimento irá ser atencioso a respeito de suas necessidades e circunstâncias, além de abrangente com referência aos diversos tipos de investimento que poderá selecionar, tais como stocks (ações), bonds (títulos), mutual funds (fundos de investimentos), Real Estate (Imóveis), etc.

3.1. Educação como investimento

Nos Estados Unidos é comum ver pessoas de todas as idades em universidades retornando aos estudos, seja para iniciar nova profissão ou adicionar um novo diploma. A educação é um investimento que cada um pode levar consigo para onde for.

3.2. Investimento para educação

Há formas de investimentos livres de impostos para investir na educação de seus filhos, a exemplo do College Savings Plans (planos de poupança para universidade). Há casais que já começam a planejar para a universidade do filho durante a gravidez.

Fazendo a projeção e considerando quantos anos você tem à frente, poderá calcular quanto será preciso poupar para dar a seus filhos condições de educação superior.

O mais importante é determinar o valor. Mesmo que não tenha condições de começar com o valor total, estabelecer e poupar um valor calculado dará uma base de suporte para seus filhos no futuro.

Nos Estados Unidos, ao planejar o orçamento educacional dos filhos, os pais sempre incluem as despesas de vivenda: moradia, alimentação, roupa e outras despesas.

3.3. Aposentadoria (Retirement)

Toda pessoa acima de 62 ou 65 anos tem o direito à aposentadoria dada pela Social Security Administration (previdência social americana). Porém, por esta ser de baixo valor, muitos investem em pensões privadas de aposentadoria e investimentos especiais livres de impostos.

Saiba se a empresa onde trabalha oferece fundos de investimento chamados 401 (K).

Verifique se a IRA - Individual Retirement Account, conta individual de aposentadoria, pode ser boa opção.

3.4. Preservar um legado para a família

A legislação americana, no que diz respeito à distribuição dos bens de uma pessoa após seu falecimento, é muito complicada, assim como no Brasil.

Diferença cultural: Uma diferença básica é que os impostos sobre a transferência de bens são altos, o que torna difícil para certas famílias manter certas propriedades ou bens quando apanhadas desprevenidas.

Olho vivo! Planejar em vida como será feita a distribuição de seus bens após a sua morte, é um ato de inteligência.

Testamento (Will) é uma parte muito importante do planejamento da sua herança (Estate Planning). Veja mais detalhes sobre testamento na parte sobre Situações Difíceis deste Manual referente a falecimentos.

4. Seguros

Americanos protegem-se comprando apólices de diversos tipos de seguro para diferentes situações, empreendimentos, propriedades e ou circunstâncias.

O valor da anuidade (annuity) de muitos seguros pode ser parcelado. É importante que este esteja sempre em dia, pois caso contrário poderá ser cancelado.

Certifique as credenciais da companhia que está lhe vendendo o seguro assim como da seguradora.

Leia todo o contrato e preste atenção nas entrelinhas.

4.1. Alguns tipos de seguros

4.1.A - Health Insurance (Seguro de Saúde)

Hospitais nos Estados Unidos podem custar os "olhos da cara" ou como dizem os americanos "an arm and a leg" (um braço e uma perna). Mesmo assim, muitas famílias não têm seguro de saúde apropriado. Tome em consideração o fato que aquilo que é caro agora poderá ser um absurdo amanhã, principalmente se for pego desprevenido.

Na hora de escolher o seguro de saúde, questione:
• Quais são as qualidades que tem a empresa com quem você pretende fazer o seguro? Considere os benefícios que cada plano oferece. Que tipos de serviço são limitados ou sem cobertura alguma? O que você precisa é mesmo aquilo que o plano oferece? Existe alguma limitação, exclusão ou condição pré-existente que poderá afetar sua família?
• Você precisaria de alguma referência do médico de família para consultar-se com especialistas cobertos pelo seguro?
• Quais são os médicos, hospitais e outros prestadores de serviços médicos que fazem parte do plano? O plano possui a maioria dos especialistas que você está interessado?
    Nenhum plano de saúde irá cobrir todas as despesas. Para comparar benefício e custos precisará saber o seguinte:
• Qual será valor do prêmio mensal?
• Existe algum tipo de deductible (dedução inicial), que deverá ser pago pelo assegurado antes que o seguro comece a cobrir as despesas?
• Pode existir coinsurance (seguro conjunto) para pagar pelo deductible?
• Há algum custo adicional (copayment) a ser pago pelo assegurado?
• Se utilizar médicos fora da lista autorizada pelo seu plano, qual o valor a ser pago?
• Se um membro da família morar em outro lugar do país, como ficará a sua cobertura?

4.1.B - Long term care insurance (Seguro para atendimento de saúde em longo prazo)

A possibilidade de viver uma longa vida hoje em dia aumentou enormemente. Mas quem não morre cedo, envelhece, e quem envelhece tem também maior possibilidade de adoecer. Os custos com a saúde em longo prazo são exorbitantes. De acordo com o Center for Long Term Care Financing (Centro de Financiamento para Tratamento em Longo Prazo), há uma chance de uma entre dez pessoas entre os americanos de passar cinco ou mais anos em um asilo para idosos (Nursing Home), após os 65 anos de idade, a um custo médio de 30 mil a 80 mil dólares por ano.

Por precisar de atendimento especial com o avançar da idade, é extremamente importante planejar as necessidades futuras. Procure saber mais detalhes sobre esse tipo de seguro.

4.1.C - Disability Insurance (Seguro por Invalidez) e Disability Income Insurance (Seguro de renda por invalidez)

Em muitos casos, a invalidez temporária ou permanente pode criar uma perda financeira muito maior do que uma morte prematura para a família. Quando se está com saúde, geralmente pode-se controlar as despesas e possivelmente economizar dinheiro. Mas se ocorre uma invalidez, a renda pode cair drasticamente e as despesas aumentarem. É importante que o Disability Insurance ressarça o segurado por causa da invalidez e que o Disability Income Insurance ressarça ou complemente a perda da renda por causa da invalidez.

4.1.D - Life Insurance (Seguro de Vida)

O seguro de vida ajuda a proteger familiares. Existem diversos tipos de seguro de vida que podem ressarcir ou suprir economicamente pelo falecimento de alguém como:
• Pagamento da hipoteca (mortgage)
• Despesas da casa
• Dívidas contraídas
• Pensão
• Fundo de educação
• Preservação dos bens

Os benefícios do segurado variam de acordo com o valor da apólice do seguro, ou seja, seguros mais caros possuem mais benefícios e pagam mais.

4.1.E - Umbrella Insurance (seguro complementar)

O seguro complementar tem por função proteger o segurado um pouco além do seguro tradicional. Poderá também cobrir fatores específicos tais como processos legais (lawsuits), roubo de carro, danos materiais ou morais como difamação pública, etc, desde que designado para isso.

Não caia no erro de pensar que a cobertura oferecida pelo seguro da casa e do carro são suficientes para cobrir toda a proteção que precisa. Como o número de processo aceito pela justiça tende a aumentar e ser mais comum, você não pode se dar ao luxo de ficar desprotegido, arriscando-se a perder os bens que lutou tanto para conseguir.

Por ser um seguro vendido em separado, você não precisará mudar o seguro do carro nem da casa. O profissional que for assessorá-lo deverá tomar os três seguros em consideração e verificar se funcionam de modo coordenado, dando-lhe o máximo de proteção possível, e por um preço compensador, muitas vezes nem tão alto quanto se pensa.

Parte 6
Casamento e Filhos

Capítulo 1 - Casamento (Wedding)

Cada Estado possui diferentes leis para o casamento. Na maioria dos casamentos é necessário obter uma licença, geralmente fornecida pelo Departamento de Saúde ou Secretaria de Justiça, seja do município ou do Estado.

1. Burocracias

Em alguns lugares, por lei, o casal que pretende se casar deve fazer testes e exames médicos. Os exames de sangue exigidos são uma forma de assegurar que o casal não tem sangue incompatível, prova que não são irmãos, e que não haverá rejeições no caso de terem filhos. Geralmente são solicitadas certas vacinas, quando a pessoa não pode provar que já foi vacinada contra a rubéola, por exemplo.

Em determinados Estados é desnecessário fazer exame de sangue para casar.

A licença de casamento dá o direito de casar dentro de um certo período estipulado.

Na hora de fazer o pedido de licença, as perguntas feitas aos noivos variam de um Estado para outro. Geralmente perguntam o endereço, nem sempre perguntam a nacionalidade ou se possuem Social Security. A pergunta principal é se um dos noivos já foi casado antes.

No caso de pessoas separadas, não se deve casar com outra pessoa antes que o divórcio tenha sido oficialmente concedido. Bigamia é contra a lei.

No Estado de New York normalmente só é necessária a apresentação de um documento de identidade para se casar, que pode ser o passaporte válido, a carteira de motorista, etc. O processo é muito rápido. Pode-se dar a entrada num dia e casar no outro.

Comparado com New York, em New Jersey o procedimento matrimonial é um pouco mais burocrático. Geralmente são solicitados dois documentos de identidade, um comprovante de residência, etc.

Quando há casamento no religioso, geralmente a igreja pode fazer a petição e providenciar a certidão de casamento.

Muita atenção na hora de preencher os papéis. A noiva deverá já ter decidido se irá manter o próprio sobrenome ou aderir a do noivo. Uma vez emitida a certidão de casamento, não se pode alterar nada.

O brasileiro residente nos Estados Unidos que deseja realizar o registro de seu casamento e obter a certidão brasileira deverá comparecer ao Consulado Geral do Brasil munido dos originais e cópias de alguns documentos. Para maiores detalhes, visite o site consular mais próximo. Os endereços constam na parte sobre Serviços Consulares deste Manual.

Diferença Cultural: Recomenda-se que os casamentos sejam planejados com um mínimo de três meses de antecedência. Casamento americano costuma ser pontual. Além de ser considerado rude para com os convidados se a noiva se atrasa, em casamentos que há muito atraso nem os próprios noivos conseguem curtir a festa depois. Certos salões sociais alugados não permitem que se ultrapasse o horário estabelecido no contrato.

2. Casamento rápido e sem burocracia

Algumas cidades como Las Vegas, no Estado de Nevada, oferecem facilidades e rapidez. Para se casar, basta que os noivos se apresentem na Prefeitura (City Hall) munidos de um documento de identidade com foto. Depois, será necessário pagar pela licença, preenchê-la e levá-la ao cartório escolhido e em pouco tempo os noivos serão declarados casados.

Curiosidades

Conhecida como capital do jogo, Las Vegas também é tida como a capital americana do casamento. O número de casamentos realizados por dia é alto e a época mais movimentada é no dia dos namorados (14 de fevereiro) e no último dia do ano.

A cidade foi o palco de casamento de vários casais famosos como Frank Sinatra e Mia Farrow, Elvis Presley e Priscilla Beaulieu. Os casamentos são bem excêntricos. Há juízes de paz que se vestem de Elvis Presley, há casais que casam durante um vôo de helicóptero pelo Grand Canyon, etc. Também há capelas que transmitem os casamentos em tempo real pela Internet e os familiares e amigos distantes podem acompanhar tudo.
Para saber mais sobre casamentos em Vegas, pesquise sites na Internet usando a expressão-chave getting married in Las Vegas.

3. Casando-se com cidadão/a americano

Ao casar-se com um cidadão americano, o noivo/a estrangeiro poderá ter a possibilidade de obter o green card, visto permanente de residência nos Estados Unidos, independente se o prazo de permanência expirou, de como chegou nos Estados Unidos ou do status de HIV. Diferente dos outros tipos de vistos, o green card não restringe ou limita as ações do portador, desde que continue vivendo nos Estados Unidos. Todos os outros tipos de visto são temporários e atrelados à sua especificidade.

Seja qual for o motivo do casamento com um cidadão, todos os procedimentos legais a seguir devem ser encarados com seriedade e em longo prazo. Lembre-se que o Serviço de Imigração pode suspeitar de determinados casamentos, passando a investigá-los, em busca de maiores detalhes. Portanto, prove sempre que a sua união é verdadeira.

O cidadão americano entrará com o pedido (I-130) de green card para o futuro cônjuge. Se o casamento for nos Estados Unidos, com este pedido devem ser incluídos:
• formulário biográfico (G-325A) para cada cônjuge, com fotos
• prova de cidadania, de requisitante
• certidão de casamento

Se a pessoa já foi casada anteriormente, terá de apresentar comprovação de divórcio, anulamento, ou morte de cônjuge em matrimônio anterior.

Do cônjuge estrangeiro, requer-se:

• Pedido de ajuste de status (I-485)
• Pedido de autorização para trabalho
• Comprovante de pagamento de taxa

No caso de casamento no exterior (independentemente da nacionalidade do cônjuge), será preciso providenciar o registro de certidão de casamento no Consulado brasileiro.

Em caso de divórcio no exterior, será preciso providenciar a homologação no Brasil da sentença de divórcio estrangeira pelo Supremo Tribunal Federal. Somente após a homologação poderá ser feito o registro do novo casamento.

Caso você não possa contratar um advogado procure por instituições de auxílio para imigrantes a exemplo do Catholic Charities. O número da linha direta (hotline) é: 1-800-566-7636.

Capítulo 2 - Gravidez e nascimento do bebê

1. Gravidez

Toda gestante, legal ou não no país, dispõe de assistência médica. A qualidade e o tipo de assistência variam conforme a localidade e Estado. Por exemplo, em New Jersey, para a realização do exame pré-natal a gestante pode aplicar para o Charity Care do hospital através do departamento financeiro (Financial Service - ou sobre outras denominações como Patient Care ou Patient Services).

Para receber assistência médica é necessário fazer a aplicação. Precisará do teste e do atestado de gravidez. Isso pode ser feito e obtido em centros de atendimento médico financeiramente acessíveis para pessoas de baixa renda, como Planned Parenthood. Mais detalhes sobre esse programa e o Charity Care no capítulo "Atendimento médico e hospitalar" deste Manual.

O Planned Parenthood é Pro-Choice, ou seja, a favor da mulher ter a opção da escolha sobre a continuidade ou não da gravidez, ao contrário de certas instituições religiosas ou Pro-Life.

É importante que toda gestante faça o teste de HIV, o vírus da AIDS. Se testar positivo, poderá tomar certos medicamentos para evitar que o bebê nasça com HIV. No caso da mãe ser portadora de HIV, não poderá amamentar.

O Charity Care não cobre os custos do parto. É recomendável aplicar para o Medicaid. Todo bebê nascido nos Estados Unidos tem o direito de assistência pelo Medicaid, dependendo do patamar da renda familiar.

1.A - Exame da agulha

Se o exame de sangue durante a gravidez acusar algum problema, será recomendado o exame de amniocentesis, mais conhecido popularmente como o teste da agulha, para detectar com mais precisão se o bebê é portador de alguma deficiência física ou mental. Esse teste também é recomendável para gestantes acima de 35 anos. Trata-se de um teste caro e não obrigatório. Através deste teste também é possível saber o sexo do bebê.

1.B - Assistência alimentícia

Logo no início do exame pré-natal, a gestante deve aplicar para o Women, Infants and Children Program - WIC, programa especial de nutrição suplementar para mulheres e crianças que fornece uma cesta básica alimentar gratuita. O assistente social do hospital ou da clínica poderá preencher todos os formulários para a mãe ter acesso ao WIC.

Em alguns locais, junto ao formulário de aplicação preenchido pede-se comprovação da renda, geralmente o contra-cheque mais recente, além de um comprovante de residência. A aprovação é imediata. Após uma conversa com a gestante e depois de fazer uma análise dos seus hábitos alimentares, a nutricionista recomendará os tipos de alimentos que a gestante poderá adquirir com vale alimentação nos supermercados afiliados ao Programa WIC.

Os vales alimentação do WIC são concedidos uma vez por mês; possuem prazo de validade de um mês para serem utilizados e não podem ser trocados por dinheiro, nem repassados. É permitido autorizar apenas uma segunda pessoa, como o marido, para fazer as compras.

Periodicamente, a gestante deverá comparecer ao escritório do WIC para renovar a aplicação. Após o parto, a mãe deverá comparecer juntamente com o bebê ao escritório.

No Estado de New York, para simplificar o sistema, o WIC foi incluído no cartão magnético de assistência para programas do governo. Para saber mais sobre o WIC visite o site www.fns.usda.gov

1.C - Chá de Bebê (Baby Shower)

Ao organizar o "chá de bebê" (baby shower), as gestantes costumam registrar a lista do necessário em lojas especializadas em produtos de bebês. A lista ficará disponível aos convidados do chá de bebê, inclusive online.

Para fazer a lista do chá de bebê, a gestante poderá recorrer aos sites de lojas especializadas em produtos de bebês como www.babyrus.com, www.bybybaby.com A Baby Rus é uma loja mais popular, enquanto que a Buy Buy Baby é mais sofisticada e variada.

Olho vivo! Dois meses antes da data prevista para o parto, deixe pronta a bolsa do bebê contendo as roupinhas e os produtos necessários.

Há outras opções nos sites em português. A www.uol.com.br , por exemplo, na seção Corpo e Saúde tem um guia do bebê com assuntos variados. Lá, muitas mães que seguem à risca a alimentação brasileira poderão encontrar receitas de papinhas, sucos etc.

2. Nascimento do bebê

É sempre a gestante quem tem o direito de escolher a forma do parto que quer ter. Mas seu estado de saúde poderá ser determinante quanto ao tipo de parto que deverá fazer. Ela poderá também optar pelo uso de anestesia.

Por lei, no Estado de New York, quando o bebê nasce é submetido obrigatoriamente ao teste de HIV. Em New Jersey, os hospitais o oferecem, mas não há obrigatoriedade.

Após o parto, pode-se solicitar ao assistente social para dar entrada ao pedido de registro do bebê junto ao Social Security Administration (Previdência Social) para obter o social security card (cartão do social security).

É recomendável que os pais providenciem uma cadeirinha especial (baby car seat) para transportar o bebê no banco traseiro do carro. Muitos hospitais não permitem que o recém-nascido deixe o hospital sem esse dispositivo obrigatório.

Através de vans de pediatria com o suporte dos hospitais, o programa WIC circula em dias pré-determinados nos bairros e estacionam em endereços fixos no Estado de New Jersey. Outros Estados possuem serviços similares. Procure saber pelo assistente social do hospital no qual estiver fazendo os preparativos para o nascimento da criança, em que lugar, quando e de que modo esses serviços são disponíveis na localidade onde mora.

Quanto ao seguro de saúde para crianças, informe-se dos benefícios oferecidos no seu Estado. Nos Estados de New Jersey e New York há seguro de saúde gratuito para crianças. Saiba mais na parte sobre Saúde deste Manual.

Mães solteiras poderão ter direito a receber diversos benefícios do governo.

Diferença cultural - Ao contrário do Brasil, grande parte dos hospitais americanos normalmente oferecem à mãe ou aos pais a circuncisão do recém-nascido masculino. Mesmo que a autorização tenha que ser assinada pelos pais, é necessário comunicar ao hospital caso os pais não queiram.

3. Burocracias para nascidos no exterior

Quando os pais são brasileiros e os filhos nascem em território americano, a determinação da nacionalidade que prevalece é a americana dada a origem territorial (Jus Solis).

Recomenda-se que os pais registrem os filhos no Consulado do Brasil mais próximo. Se a criança não for registrada no Consulado até os 12 anos de idade, o registro só poderá ser feito no Brasil, mediante autorização judicial.

Para o registro, conforme consta no site do Consulado Geral do Brasil em New York (www.brazilny.org), deverão ser apresentados o original e a cópia (uma por registro) dos seguintes documentos:

• Certidão de nascimento americana na qual constem os nomes de ambos genitores;

• Carteira de identidade brasileira ou passaporte brasileiro do(s) genitor(es);

• Certidão de casamento brasileira ou certidão de nascimento brasileira de ambos genitores, caso forem brasileiros, emitidas por cartório no Brasil;

• Se um dos genitores for estrangeiro, certidão de nascimento e o respectivo passaporte ou carteira de motorista americana (drivers license) ;

• Formulário fornecido gratuitamente pelo Consulado, ou retirado no site consular, devidamente preenchido à máquina ou em letra de imprensa, com caneta azul ou preta, sem abreviaturas.

• Os pedidos de registro de nascimento deverão ser feitos pessoalmente pela parte brasileira (pai ou mãe), na jurisdição consular de onde vive. Não é necessário levar o menor a ser registrado.

• O registro de nascimento e a emissão do seu primeiro traslado são serviços gratuitos prestados pelas repartições consulares brasileiras. Pelos traslados seguintes, são cobradas taxas consulares. O Consulado não aceita pagamento de taxa consular em dinheiro ou cheque pessoal. Todos os pagamentos deverão ser efetuados mediante ordem de pagamento (money order), à ordem do Consulado Geral do Brasil em New York.

• Para serem válidos no Brasil, os Registros de Nascimento realizados em repartição consular no exterior, deverão ser transcritos em Cartórios do 1º Ofício do Registro Civil do domicílio do registrado, no Brasil, ou no Cartório do 1º Ofício do Registro Civil do Distrito Federal, à falta de domicílio conhecido.

• Depois que o brasileiro nascido no exterior completar 18 anos de idade, terá que se deslocar até o Brasil e, perante um Juiz Federal, confirmar seu desejo de ser brasileiro. A partir daí, terá que seguir as exigências da lei para fixar residência, cumprir o serviço militar, jurar à bandeira, ter diploma reconhecido para exercer sua profissão, adquirir propriedades, etc.

Parte 7
Educação

Capítulo 1 - Sistema Educacional

Todas as crianças até 18 anos têm acesso à educação, independentemente do status imigratório dos pais.

O sistema de ensino está basicamente dividido em:
• Kindergarten ou Pre-School: Jardim de infância ou Pré-Escola
• Elementary School: Primeiro Grau, da primeira à oitava série
• Middle School (6 th - 8 th grades): da sexta à oitava série
• High School (9th - 12 th grades): Escola Pública de Segundo Grau
• College: Terceiro Grau ou nível universitário

Diferença cultural: Nos Estados Unidos, diz-se 1st, 2nd, 3rd grade, ou seja, first, second, third grade ... para a primeira, segunda, ou terceira série e assim por diante. Não confunda College com "Curso Colegial" como antigamente se chamava o Segundo Grau, no Brasil.

A carga horária diária de aulas nos Estados Unidos é mais longa do que no Brasil, geralmente de oito horas por dia (das 8h20 às 15h).

Entre as matérias mais importantes costumam estar língua inglesa e matemática.

Nas escolas públicas as crianças não são apenas um número. Existe o que pode-se chamar de atendimento personalizado, pois telefonam para a casa quando a criança não alimenta-se na hora do almoço, sente qualquer distúrbio durante a aula ou não comparece na escola.

Em várias cidades e Estados as escolas estão divididas em Distritos Escolares. Cada Distrito tem suas regras internas próprias, mas todos têm que cumprir certas normas gerais estabelecidas pelo Estado e incluir um certo número mínimo de matérias obrigatórias no Currículo Escolar. Em cada Distrito ou escola, variam as matérias eletivas e opcionais.

Basicamente, as escolas dividem-se em públicas, charters e particulares. As charters schools são públicas quanto ao acesso, mas são mantidas por empresas privadas contratadas pelo governo.

Como nos Estados Unidos não existe vestibular para o ingresso na universidade, cada ano escolar é um passo importante na disputa por uma vaga numa boa universidade.

Quase todas as escolas possuem uma associação de pais e mestres (Parent-Teacher Association -PTA), que é muito importante nas tomadas de decisão em questões específicas da escola e um meio dos pais participarem diretamente da educação dos filhos.

1.A - Matrícula

O ano letivo termina em junho e começa em setembro.

A criança geralmente frequentará a escola pública mais próxima de sua casa. Em muitos casos as crianças são transportadas para outros distritos escolares para cumprir as leis de integração, baseadas na decisão do Supremo Tribunal Americano (Supreme Court) nos anos 60, a fim de abolir a segregação racial. Neste caso, as crianças são transportadas pelos populares ônibus amarelos.

O processo de matrícula geralmente é bem mais simples e menos burocrático do que no Brasil, que exige documento de transferência, apresentação de histórico escolar e documentos pessoais da criança. Nos Estados Unidos, as escolas costumam exigir a apresentação do passaporte da criança e a carteira de vacinação, essa última, imprescindível. Na ausência da carteirinha, a criança terá que tomar todas as vacinas novamente. Dependendo da cidade, a vacinação pode ser feita gratuitamente junto ao Departamento de Saúde ou em locais específicos. Em algumas escolas pode ser pedido o histórico escolar que nem sempre precisa de uma tradução.

Quando os pais forem à escola para fazer a matrícula, deverão também apresentar um comprovante de endereço como a conta telefônica ou da luz.

Muitas vezes a criança não é colocada na classe equivalente à que freqüentava no Brasil. O critério é de acordo com a idade. Muitos pais, por receio da barreira lingüística, até acham que seria melhor o filho repetir a mesma série. Mas isso é desnecessário, pois as crianças se adaptam muito facilmente e vão aprendendo gradativamente e se integrando ao sistema educacional americano. Algumas escolas também oferecem aulas bilíngües e a maioria dispõe de tutores (tutors) voluntários ou profissionais que oferecem reforço escolar em horário extraclasse (after-school programs).

Muitas escolas administram um teste de matemática para verificar o nível e a aptidão das crianças.

Olho vivo! É importante que os pais acompanhem de perto as dificuldades iniciais de adaptação das crianças e adolescentes referentes à cultura, língua e grupos sociais nos Estados Unidos. Devido à limitação de tempo dos pais, muitas vezes o contato com os filhos é pouco. Crianças e adolescentes que não recebem a atenção dos pais, só cobranças, podem apresentar vários problemas tais como carência afetiva, baixa auto-estima e dificuldade de concentração no estudo ou no trabalho.

1.B - Programas de correção de pronúncia

Algumas escolas dispõem de programas de correção de pronúncia para estudantes com deficiência nesse importante aspecto. Deficiência de pronúncia se define pela falta de clareza na comunicação das idéias, por parecerem sem sentido ou inteligíveis aos ouvintes. Desordens de articulação de voz, problemas idiomáticos e fluência verbal são aspectos tratados na escola individualmente e em grupos.

1.C - Faltas

A escola deverá ser sempre avisada antecipadamente quando o aluno precisar se ausentar das aulas. Os pais terão a obrigação de justificar toda falta. Em caso de doença, se a criança for examinada, o atestado médico deverá ser enviado à escola e assim a criança poderá ser acompanhada pela enfermeira escolar ao retornar às aulas. Nos Estados Unidos, os pais que não levarem os filhos à escola poderão inclusive ser presos.

1.D - Pedido para sair das aulas mais cedo

Se os pais da criança determinarem ou se ela precisar sair mais cedo por justa causa como para uma consulta médica, por exemplo, algumas escolas preferem que os pais ou algum adulto por eles designado compareçam na Secretaria. Os alunos poderão sair mais cedo também mediante um pedido dos pais por escrito, confirmado e aprovado pela escola.

1.E - Nevascas

Em dias de nevasca intensa, as aulas são suspensas e as escolas e outras instituições permanecem fechadas. Para se informar, os pais deverão estar atentos aos canais locais de TV ou emissoras de rádio.

1.F - Férias escolares

O período de férias escolares nos Estados Unidos é bem longo se comparado ao Brasil. As férias acontecem no meio do ano, durante os meses de junho, julho, agosto e setembro. Esse período de férias é conhecido como summer vacation (férias de verão).

Summer Camping: instituição cultural americana de programas de acampamento no verão. Pode ser boa alternativa para os pais que precisam trabalhar. Muitos destes programas podem ser caros, de acordo com as atividades oferecidas, porém existem várias organizações que auxiliam e disponibilizam os programas para famílias de baixa renda. Na cidade de New York uma dessas organizações é o Fresh Air Fund www.freshair.org Telefone 1-800 367 30003.

Diferença cultural - Ao contrário do Brasil, não existe aquele mês de férias durante o inverno. O Spring break (intervalo de primavera), em março ou abril, poderá variar de uma escola para outra, dependendo da quantidade de aulas que deverão ser repostas se muitas aulas houverem sido perdidas devido aos dias de nevasca do inverno.

As estações do ano não só são inversas entre os Estados Unidos e o Brasil mas também não coincidem culturalmente. Não são contadas a partir do equinócio da primavera ou do outono (21 de março e 23 de setembro) e dos solstícios de verão ou de inverno (22 ou 23 de junho e 22 ou 23 de dezembro) como no Brasil.
- O verão (Summer) começa com o Memorial Day, a última segunda-feira de maio e termina com o Labor Day, a primeira segunda-feira de setembro.
- O outono (Fall ou Autumn) começa depois do Labor Day e termina com o Thanksgiving Day, a última quinta-feira de novembro.
- O inverno (Winter) começa depois de Thanksgiving e termina no dia 19 de março.
- A primavera (Spring) começa no dia 20 de março e termina na véspera do Memorial Day, o último domingo de maio.

Geralmente com o aproximar-se dos feriados de fim de ano, as escolas fecham por uma ou duas semanas em dezembro. Esse intervalo escolar de inverno é conhecido como Christmas Holidays.

2 - Elementary School (Primeiro Grau)

Durante o ano letivo, há vários programas, concursos, clubes de ciências e esportivos, além do reforço escolar extraclasse (tutoring). Tudo isso enriquece o histório escolar porque conta ponto para o aluno conseguir bolsa de estudo às escolas privadas de Segundo Grau. Para isso, convém ao aluno além de ter um número alto de pontos no boletim, ter uma carta de recomendação dos professores e diretores da escola. Em certos Estados algumas escolas elementares utilizam um sistema de registro do comportamento do aluno, o que também pode acontecer em escolas particulares de Segundo Grau.

Em casos de alunos que se destacam por boas notas e bom comportamento, os próprios professores se prontificam a recomendá-los para as escolas de Segundo Grau particulares. Alguns Estados oferecem ajuda financeira mediante a emissão de comprovantes de ajuda financeira (vouchers). Há muita controvérsia quanto à legalidade constitucional desses comprovantes escolares devido às leis que garantem a separação entre Estado e religião.

Há muitos pais que não ficam sabendo dos programas, concursos e clubes que seus filhos têm o direito de participar. Por isso é importante que se mantenham em contato com os professores para saber das oportunidades e estimular os filhos a participar dos programas. Educação é sempre um bom investimento.

3. High School (Segundo Grau)

As escolas públicas do Segundo Grau são conhecidas como High School.
Outras escolas de mesmo nível se forem particulares receberão outros nomes.
As High Schools podem ser tradicionais, especializadas ou técnicas.

• Na High School tradicional as matérias eletivas (opcionais), assim como as obrigatórias, contam no cálculo da média das notas finais (Grade Point Average - GPA), equivalente ao Coeficiente de Rendimento Escolar (CRE) no Brasil. Também existem clubes estudantis e atividades extracurriculares, seja na ou fora da escola. Em horário extraclasse, o aluno geralmente pode participar de vários programas sociais. Existem classes avançadas (Advanced Placement) que constituem uma boa alternativa para os alunos tentarem conseguir bolsa de estudo para a universidade, desde que mantenham média alta. Para graduar, o aluno tem que completar uma quantidade mínima de créditos.

Diferença cultural: Na High School, cada ano escolar corresponde a uma categoria estudantil. No início do Segundo Grau, o aluno cursando o 9th grade é considerado um freshaman student. No ano seguinte, o 10th grade, é chamado de sophomore student.
No 11th grade, é chamado de junior student. No 12th grade, o último ano, é chamado de sênior student.

• A High School Especializada também conhecida como magnetic school possui cursos voltados para determinada área, seja comercial, industrial, etc. Nessa High School, os estudantes são de diversas áreas geográficas.
• A High School Técnica (Technical ou Vocational School) é profissionalizante, permitindo ao aluno graduado atuar numa área específica de conhecimento como mecânica de veículos, marcenaria, encanamento hidráulico, etc. As escolas profissionalizantes podem ser uma boa alternativa principalmente para filhos de brasileiros fora do status imigratório ou jovens que não pretendem cursar o Terceiro Grau. Ao contrário do Brasil, o trabalho técnico, como o braçal, é valorizado e bem remunerado nos Estados Unidos, atraindo muitos americanos como ramo de mercado de trabalho. Nem todos os distritos escolares contam com escolas profissionalizantes, mas elas costumam existir nos maiores centros urbanos como New York, Chicago etc.

Olho Vivo: Como as turminhas formadas nas escolas (Clicks) muitas vezes criam problemas disciplinares, os estudantes de certas Highs Schools nos centros urbanos (inner city) poderão sofrer violência constante, dar indícios de baixo aproveitamento escolar, além do alto consumo de álcool e drogas, a presença de armas, e outros problemas sociais. Muitas dessas escolas impõem aos alunos a passagem obrigatória por um detector de metal ao ingressar no edifício.

As escolas de Segundo Grau particulares podem ser subdividas em quatro categorias:
Escolas Religiosas, na maioria católicas. Embora caras, são as mais acessíveis para a obtenção de bolsas de estudos, independentemente do status de imigração do estudante
• Escolas "estrangeiras", a exemplo do Lycée Français
• Escolas Preparatórias (Preparatory School ou Prep School)
• Colégio Interno ou Internato (Boarding School)
• Academia Militar (Military Academy)
Alunos no Terceiro Grau com médias altas podem aplicar e concorrer a bolsas de estudo (scholarships) em Colleges e universidades subsidiadas por fundações e entidades sem fins lucrativos, como por exemplo a Coca-Cola Foundation (www.coca-colascholars.org).
Alunos com notas altas em todas as matérias são considerados estudantes excepcionalmente dotados (honor students).
O histórico escolar contará muito para a entrada numa boa universidade. Mas também é importante ter boa pontuação no SAT - Scholastic Aptitude Test (Teste de aptidão acadêmico). Existem cursinhos preparatórios para o teste.

Curiosidades
Filmes americanos como O Clube dos Cinco (The Breakfast Club), de 1985; A Garota do Vestido Cor de Rosa (Pretty in Pink), de 1986; ou Sociedade dos Poetas Mortos (Dead Poets Society) de 1989, além de vários outros, podem dar uma idéia de como funciona uma High School, normalmente localizada em áreas arborizadas, contando com laboratórios informatizados e outros equipamentos, parecendo-se a algumas das melhores universidades no Brasil.
Para muitos americanos, o período da High School corresponde à melhor fase da vida. Como no Primeiro Grau, os alunos passam oito horas por dia dentro da escola, o convívio é intenso e grande o suporte de companheiros da própria idade (peer support) durante a adolescência.

4 - Algumas leis importantes

Nos Estados Unidos, surra, tapa, beliscão, enfim todo tipo de castigo corporal é considerado agressão à criança e poderá causar problemas com as autoridades de defesa ao menor. Diálogo e recurso junto aos profissionais em assistência disciplinar, psicológica e para a solução de conflitos são altamente recomendáveis e normalmente acessíveis.
Na maioria dos Estados, crianças menores de 12 anos de idade não podem ser deixadas sozinhas em casa. Se houver denúncia com comparecimento da polícia e representantes do Departamento de Assistência a Menores, os pais poderão ser processados por negligência ou abandono e inclusive perder a custódia dos próprios filhos.
Crianças ou adolescentes em idade escolar que forem pegos, sem autorização

durante o horário das aulas, por autoridades, matando ou cabulando aulas, poderão ser apreendidos até os pais ou responsáveis poderem apanhá-los. O ato de cabular aulas, em inglês chama-se truancy.

Adolescentes menores de 21 anos de idade não podem entrar em bares. É terminantemente proibido aos menores de 21 anos comprar ou ingerir bebidas alcoólicas.

Em certas localidades, menores de 18 anos não podem circular na rua depois de determinado horário. Principalmente nos subúrbios (suburbs ou burbs) onde houver hora de recolher (curfew), todo menor flagrado na rua por um policial poderá ser levado para casa e entregue pessoalmente aos pais. Se o menor for parar na delegacia, poderá ser fichado e terá que se apresentar diante do juiz de menores. Os pais podem ser sujeitos à multa.

Diferença cultural: O conceito de subúrbio nos Estados Unidos não é o mesmo do Brasil, onde o termo é usado muitas vezes no sentido de "periferia", de "bairro pobre". Nos Estados Unidos, trata-se de bairros residenciais próximos às grandes cidades, onde reside grande parte da população rica que prefere viver com mais espaço do que no centro das metrópoles.

Capítulo 2 - Cultura brasileira

1. Dois contextos culturais

Assim como ocorre com a maioria dos imigrantes adultos que mudam de país, perdendo suas raízes, isto é, suas referências sociais e culturais, também as crianças passam pela experiência de viver "uma terceira cultura", como afirmam David C. Polloc e Ruth E. Van Reken no livro "Third Culture Kids". Segundo eles, a "primeira cultura" seria a do país de origem, a segunda, do país adotado onde moram. Já a terceira se refere à formação de sua própria síntese cultural.

Casais de brasileiros deveriam adotar o português como língua falada no ambiente familiar oficial desde muito cedo. Faça a sua parte em oferecer a seu filho sua cultura original além da cidadania brasileira. Assim nem os pais se arrependerão por não tê-lo feito, nem o filho os culpará por não tê-lo incentivado. Em alguns casos, as crianças poderão se negar a responder aos pais em português. Muitas delas acabam conseguindo mudá-los, sobretudo porque vivem imersos em outra cultura e preferem aprender e praticar o inglês que os filhos geralmente absorvem com maior facilidade e sem sotaque, principalmente na escola.

Vale a pena insistir e conversar somente em português em casa, mesmo que as crianças só respondam em inglês. Falar mais de uma língua é um valor cultural inestimável.

Para ser realmente proficiente em qualquer língua, toda pessoa deve constantemente cultivar a sua própria. Isso não é possível se a pessoa não souber ler e escrever nas línguas que aprende, mesmo que de forma simples.

Outros incentivos paralelos serão indispensáveis para despertar o interesse de seus filhos, como música, cinema, exposições e outros eventos de cultura brasileira. Talvez até mais importante ainda seja o convívio da família com outros conterrâneos e seus filhos, além de amigos que falem o português.

Se os pais retornam ao Brasil de vez, dependendo da escola, a criança poderá ser submetida a um teste e conforme o resultado poderá ter que regressar a uma série anterior e independentemente da idade ou da série que freqüentava, pois se não tiver aprendido nos Estados Unidos, terá que ser alfabetizada em português.

Ofereça condições para que seu filho possa cultivar seu lado brasileiro: indique sites na Internet nos quais a criança por si mesma poderá aprender brincando. A criança poderá aprender músicas, folclore, brincadeiras e histórias.

Adquira filmes ou desenhos infantis nas locadoras brasileiras existentes na comunidade ou adquira canais de televisão brasileira.

Nos finais de semana, ensine brincadeiras infantis tipicamente brasileiras como cantigas de roda, amarelinha, peteca, pião, etc.

Leve seu filho para visitar locais e eventos brasileiros. Poderá conhecer a cultura através da comida, música e danças.

Em várias partes dos Estados Unidos, há indivíduos ou grupos de brasileiros dando aulas de capoeira, dança, samba, axé, música, futebol e outras artes e esportes. Através desses cursos, poderá adquirir gosto pelas raízes brasileiras e terá mais chances de socializar com outras crianças de origens semelhantes.

2. Ensino da língua

Algumas comunidades imigrantes dispõem de escola pública com ensino específico direcionado à nacionalidade dos estudantes, como ocorre com a bem estabelecida comunidade chinesa em Chinatown, na cidade de New York.

Quando há um número relevante de estudantes de certa nacionalidade em determinada escola, e se houver interesse, os pais poderão fazer uma petição à associação de pais e mestres (Parent-Teacher Association - PTA) para que seja incluído no currículo um determinado idioma como segunda língua.

3. Embarque de menores para o Brasil

Quando as crianças podem viajar ao Brasil: ainda que você esteja "de trabalho até o pescoço" e não possa acompanhar os filhos, lembre-se que mesmo menores de 18 anos poderão viajar desacompanhados e com segurança.

Sempre será necessária a apresentação de passaporte válido e visto (para os países que exigem). Cada passageiro tem que ter passaporte individual, não importa a idade. A companhia aérea ou marítima geralmente providencia atendimento especial para crianças e adolescentes a bordo.

3.1 - Tarifas e outros detalhes para a viagem internacional aérea de menores ao Brasil

Crianças de colo (infants) ou bebês de sete dias até 2 anos incompletos são isentos de taxa de embarque em território brasileiro. Os responsáveis poderão solicitar um assento extra, mas será preciso segurar a criança no colo durante a decolagem e o pouso.

A tarifa para bebês em algumas companhias aéreas equivale a 10% da tarifa do adulto acompanhante em vôos internacionais.

Crianças de 2 até 5 anos de idade pagam apenas 50 % da tarifa, mas é obrigatório o embarque de um acompanhante autorizado pelos pais.

Crianças e adolescentes entre os 5 e os 18 anos incompletos dispensam a necessidade do embarque de um acompanhante, mas será necessário verificar as regras da tarifa que variam conforme a companhia aérea.

A idade-limite para efeitos de cobrança de tarifa aérea a menores será a idade que o menor tiver na data inicial da viagem.

3.1.A - Considerações

Menores desacompanhados geralmente ficam em assentos especiais e são assistidos pelos comissários. Apesar de não ficarem o tempo todo à disposição (para isso existe a babá ou baby-sitter), eles são uma boa alternativa na ausência dos pais.

As crianças são acompanhadas pelos comissários do check-in até o portão de embarque. No aeroporto, os menores são mantidos numa área reservada quando há vôos de conexão.

Na hora de fazer a reserva é necessário que os pais forneçam o endereço da pessoa que irá buscar o menor desacompanhado no aeroporto.

Não é permitido o embarque de menores desacompanhados quando a conexão incluir traslado entre aeroportos como, por exemplo, Congonhas (CGH) e Guarulhos (GRU), em São Paulo.

3.2 - Autorizações

Qualquer menor de idade acompanhado de ambos genitores não precisará de nenhuma autorização.

Se o menor for viajar para o exterior desacompanhado de um ou de ambos os pais, estes deverão preencher e assinar autorização de viagem com firma reconhecida em cartório, nos seguintes termos:

AUTORIZAÇÃO DE VIAGEM

Eu (nós) _____ e _____, portador(es) da(s) Cédula(s) de Identidade n⁰ _____ e _____ respectivamente, expedida(s) pela(s) ___/___ e ___/___, residentes à _____, AUTORIZO(AMOS) meu (nosso) filho(a) _____, passaporte n⁰ _____ a viajar para o exterior sob a responsabilidade de _____, Carteira de Identidade n⁰ _____ expedida pela ___/___,

Local e Data

_____
Assinatura(s)

Se a pessoa que requer o passaporte para o menor possui Termo Judicial de Guarda, Tutela ou Curatela, definitivos do mesmo, basta apresentar cópia autenticada do Termo para viajar. Não é necessário autorização judicial, nem dos pais biológicos. A falta da autorização de um ou de ambos os pais ou do representante legal, será suprida pelo Juiz da Infância e Adolescência. Em caso de óbito de um dos pais, apresentar a Certidão de Óbito original; será consignada no passaporte a condição do genitor falecido, para dispensar autorizações futuras em seu nome.

Quando a autorização consular de viagem para menor emitida pelo consulado brasileiro não tem validade estabelecida pelo Consulado, esta será por um ano.

• A autorização de viagem é feita mediante documento legal com firma reconhecida e autenticada.

• O formulário de autorização para viagem de menor brasileiro ao Brasil é disponível no site do Consulado Geral de New York (www.brazilny.org/Forms/formmenor.pdf).

• A assinatura do genitor que não for brasileiro deverá ser reconhecida por Notário Público (Notary Public) antes da apresentação do documento ao Consulado para legitimação.

• Pais de nacionalidade brasileira são dispensados de reconhecimento de firma por Notário Público. Poderão apresentar sua autorização diretamente ao Consulado para legalização, desde que compareçam pessoalmente munidos de um documento de identidade. O documento deverá ser anexo ao passaporte do menor. Para legalizar cada autorização é cobrada uma taxa à parte.

Capítulo 3 - Ensino universitário

Nos Estados Unidos, não existe admissão para ensino universitário por vestibular. Para ser aceito em qualquer instituição de Terceiro Grau o estudante depende de vários fatores: rendimento escolar; cartas de recomendações, atividades extracurriculares, serviços comunitário, etc.

Todas as universidades, com exceção das faculdades públicas possuem cotas para bolsas de estudos (scholarships). Muitas dão preferência aos estudantes de minorias ou provenientes de países estrangeiros que possuam um bom histórico escolar ou demonstrem um bom potencial, segundo os critérios das mesmas.

1. A opção de Community College (Faculdade Pública)

Muitos estudantes filhos de estrangeiros, ao concluir o Segundo Grau nos Estados Unidos, não conseguem ingressar em determinadas Universidades pela falta de documentação como visto válido de permanência; número do Social Security; por não ter acesso a empréstimos do governo; ou devido às condições de pagamento dos altíssimos custos dos cursos universitários. Uma das possíveis saídas para situações como essa seria cursar o Terceiro Grau em alguma Faculdade Pública (Community College) que aceite a matrícula de estudantes indocumentados e onde se pode tirar um certificado de curso técnico de dois anos (Certificate Programs) ou receber um diploma depois de dois anos de um curso misto entre técnico e acadêmico (Associate's Degree).

A vantagem de obter um Associate's Degree de um Community College é a possibilidade de poder cursar os dois primeiros anos do bacharelado (Bachelor's Degree) ou como universitário não-graduado (Undergraduate's Degree) por preços bem mais acessíveis em comparação aos cobrados pelas universidades (não públicas).

Ao ingressar no Community College, é recomendável que o estudante já tenha uma noção do curso de bacharelado que pretende fazer, para optar pelas matérias do Associate's Degree que possam ser compatíveis. Para quem ainda não decidiu que profissão irá seguir, o Associate's Degree também poderá ser uma alternativa válida porque nos dois primeiros anos de qualquer universidade as matérias não costumam ser específicas, mas sim de conhecimentos gerais se o curso constar da categoria das artes liberais (Liberal Arts).

A maioria das universidades exige um seguro de saúde para estudantes em tempo integral (full time) e também certos Community Colleges impõem essa exigência aos estudantes residentes em seu campus universitário.

2. Empréstimos e formas de financiamento

O fato de uma instituição educacional de Terceiro Grau ser pública não significa que o ensino será gratuito. Deverão ser pagas anuidades (tuition) segundo os critérios de parcelamento de cada Community College.

O governo federal americano facilita a vida do estudante através de empréstimos com juros quase inexistentes ou mínimos. Também há companhias privadas, pautadas por regulamentações do governo, que fazem empréstimos. Dependendo do status do imigrante, se for refugiado, ou cidadão americano de poucas condições financeiras, há a possibilidade de conseguir ajuda financeira do programa do Governo (Financial Aid), de empréstimos (students loans), além de subsídios (grants) que não precisarão serem pagos de volta.

Para conseguir os empréstimos é necessário, além do Social Security, ter bom crédito financeiro. Uma forma muito comum das famílias norte-americanas conseguirem pagar a Universidade dos filhos é através do refinanciamento da casa própria. Há inclusive tipos de hipotecas próprias para esses casos.

3. Admissão em Community College

Ao se interessar por um curso, antes de comparecer na secretaria de admissões (admissions' office) de alguma universidade ou College, obtenha sempre o maior número de informações possíveis, seja através da Internet ou do catálogo (brochure) da instituição. Fique atento também para as feiras universitárias (open houses), dias de promoção em que os funcionários são bem mais acessíveis e receptivos, já que o objetivo costuma ser "integrar os alunos e a instituição". Insista nas questões de seu interesse, mesmo que o funcionário demonstre má vontade em responder. Algumas faculdades públicas (Community Colleges) não aceitam a matrícula de pessoas indocumentadas no país; cada uma evidentemente terá a sua própria regulamentação a esse respeito, mas muitas delas as aceitam.

O custo dos cursos poderá variar de acordo com o status imigratório do aluno. A pessoa poderá pagar como residente ou estudante internacional (não residente) se for portadora do visto de estudante (Student Visa F-1). Residentes terão que provar que moram durante determinado período de tempo naquele Condado ou Estado onde se encontra sediado o Community College que

pretende freqüentar. Geralmente o tempo de moradia com comprovante de residência deverá ser de um ano. Alunos que estudam fora do Estado onde moram (Out-of-state students) geralmente pagam o dobro ou mais do preço se comparados aos estudantes que estudam no Estado onde moram (In-state students). É possível que estudantes estrangeiros sem permissão de residência no país ou indocumentados tenham que pagar como out-of-state students.

Diferença cultural: O pagamento do curso tem que ser feito no momento em que o estudante escolhe as matérias, de acordo com o número de créditos ou conforme o acordo realizado com a instituição de ensino, diferente do Brasil onde o estudante paga mensalidades.

Todo estudante internacional período integral e portador do visto F1, terá de completar um mínimo de 12 credits (créditos). Quem não for estudante internacional poderá fazer o curso como estudante em tempo parcial e escolher o número de créditos.

A documentação exigida para matrícula varia de um lugar para outro. Normalmente é pedido o histórico escolar de todos os cursos realizados, desde
• Segundo Grau, além dos cursos acadêmicos, concluídos ou não. Em compensação é desnecessária a apresentação de qualquer histórico escolar anterior para o adulto tirar o GED (Graduate Equivalent Diploma), que é um teste de equivalência para obter o certificado do Segundo Grau. Para quem é "indocumentado", ter o GED ou algum diploma americano pode facilitar para o ingresso no Terceiro Grau. Para conferir mais sobre o GED veja no capítulo deste manual sobre "Educação para Adultos". Toda a documentação estrangeira terá que ser traduzida em termos da avaliação oficial americana (evaluation). O coeficiente de rendimento escolar - CRE brasileiro será assim transformado no GPA americano.

• A equivalência do coeficiente é a seguinte: A+ = 4.0 A- = 3.5
B+ = 3.0   B- = 2.5
C+ = 2.0   C- = 1.5
D+ = 1.0   D- = 0.5
F   = 0

• Quanto às notas (marks), a equivalência é a seguinte:
A+ ou A- = 90 a 100
B+ ou B- = 80 a 90
C+ ou C- = 70 a 80
D+ ou D- = 60 a 70
F   = 50-0

Para a admissão dos estudantes, vários Community Colleges não exigem o teste de inglês para estrangeiros (Test of English as Foreign Language - TOEFL) . É possível que estudantes realizem teste de colocação (placement test) realizado pelo College para medir o nível de inglês e matemática.

4. Escolha das matérias

Escolha de acordo com sua área de interesse a fim de obter equivalência no maior número possível de matérias caso queira transferir-se para a universidade. Lembre-se de que poderá economizar dinheiro cursando uma faculdade pública (Community College) em vez de uma universidade.

Em alguns Community Colleges os alunos têm a opção de realizar cursos de verão para adicionar mais créditos.

Todos os estabelecimentos de ensino possuem conselheiros (conselors) encarregados de auxiliar os estudantes.

5. Curso universitário concluído ou não no Brasil

Se tiver cursado o Terceiro Grau no Brasil, em parte ou completo, você poderá ingressar no nível superior nos Estados Unidos através de um pedido de transferência.

Nem toda instituição superior exige tradução do diploma, principalmente quando a Universidade da onde o estudante vem tem certo reconhecimento internacional.

Na transferência, o estudante pode eliminar vários créditos. Para maiores informações sobre transferência, você pode requisitá-las junto ao departamento de matrícula (Admission Department) da universidade de seu interesse. Poderá ser necessário transferir o CR brasileiro (coeficiente de rendimento escolar) para o GPA americano ou Grade Point Average, que significa média das notas finais.

Se a universidade pedir tradução juramentada do CR e/ou do diploma, além do seu histórico acadêmico da faculdade brasileira, você deverá recorrer a um serviço credenciado pelo Departamento de Educação (Education Department) do governo federal americano para avaliar o seu desempenho acadêmico. Em New York, por exemplo, pode-se recorrer à companhia World Education Services Inc. - WES (www.wes.org).

- Quando for preciso apresentar tradução juramentada e notarizada de diploma de Segundo Grau, deverá ser seguido o mesmo processo acima descrito.

Olho vivo!Antes de ir gastando dinheiro com traduções juramentadas e notarizadas, convém estar ciente do objetivo do documento porque, dependendo da instituição de ensino ou empresa que as exigir, os requisitos poderão ser mais simples e, quem sabe, mais baratos.

6. Licenciamento e Credenciamento

Dependendo da profissão e formação, para poder exercê-la em país estrangeiro muitas vezes pode ser necessário adquirir credenciamento junto às organizações que supervisionam certa área de trabalho.

Algumas profissões exigem que a pessoa volte a cursar certas matérias. No caso de terapeutas físicos (physical therapists), por exemplo, dependendo do Estado, haverá um Conselho Administrativo para inspecionar se um desses profissionais é ou não credenciado.

Diferença cultural: - Profissionais da área médica incluindo-se terapeutas físicos, enfermeiros e provedores de saúde são bastante requisitados nos Estados Unidos. Como o número de vagas a serem preenchidas em determinados hospitais pode ser grande, muitos estrangeiros profissionais têm sido empregados mesmo sem ter inglês fluente. Muitos desses hospitais oferecem emprego bem remunerado e garantem a legalização de status do profissional estrangeiro.

7. Para pesquisar mais

- Para pesquisar mais sobre Colleges e Universidades, visite o site www.50states.com/college
- O site da American Association Community College é: www.aacc.nche.edu

Capítulo 4 - Educação para Adultos

O domínio do idioma inglês, mesmo em nível básico, pode facilitar a adaptação mais rápida às situações diárias para sobreviver.

1 - Segundo Grau (High School) - programa noturno para adultos

Uma forma interessante para dominar o inglês poderá ser cursar a High School, mesmo já tendo completado o Segundo Grau no Brasil. Algumas escolas públicas oferecem cursos noturnos especial para adultos. Para encontrar uma escola que oferece esse programa, telefone ao Departamento ou a Secretaria de Educação do seu Estado.

Esse programa é considerado especial porque geralmente estudantes com mais de 18 anos de idade não são aceitos na High School regular.

Muitos adultos, que inclusive têm o Segundo Grau completo no Brasil ou mesmo nível universitário, optam por refazer o Segundo Grau para adultos nos Estados Unidos, porque uma vez concluído o curso e emitido o certificado de conclusão, podem ser maiores as facilidades de acesso nas Universidades americanas. Em alguns lugares, não se exige nem o teste TOEFL, dependendo do nível de assimilação da pessoa.

Durante a High School para adultos, pode-se escolher as matérias e inclusive o número de dias de aula. O tempo de conclusão do curso dependerá da capacidade do aluno.

Durante o curso são oferecidas praticamente as mesmas matérias que os alunos da High School regular estudam, entre elas: U.S. History (história dos Estados Unidos), World Civilization (civilização mundial), Mathematics (matemática), English (inglês), Biology (biologia), Human Anatomy and Physiology (anatomia humana e fisiologia), Health (saúde), General Sciences (ciências gerais), etc.

As High Schools também oferecem cursos de inglês como segunda língua (English as a Second Language - ESL).

2. GED - Graduate Equivalent Diploma

O diploma de graduação equivalente (Graduate Equivalent Diploma - GED) é um teste de equivalência para obter o certificado de Segundo Grau, semelhante ao supletivo, no Brasil.

Determinadas escolas de Segundo Grau oferecem um curso preparatório gratuito, geralmente de seis meses. O aluno deverá estudar quatro matérias principais: inglês, matemática, geografia e história.

Quem não puder freqüentar as aulas poderá simplesmente adquirir o livro preparatório para o teste e estudar por conta própria.

O teste GED é realizado durante todo o ano letivo. Você poderá escolher o dia mais conveniente para marcar a data. Para saber quando serão essas datas, procure em sites de busca. Você poderá tentar a busca usando o tema GED testing e acrescentar o nome da cidade onde mora.

3. TOEFL

A função do teste TOEFL - Test of English as a Foreign Language é avaliar sua proficiência no inglês.

Os resultados dos exames do teste são exigidos pelas instituições de nível universitário americanas para estudantes internacionais e não fluentes em inglês que queiram estudar regularmente ou se candidatar a bolsa de estudo. Várias empresas e entidades governamentais usam os resultados para contratação de funcionários de países não falantes de inglês.

O TOEFL não serve somente para estudantes estrangeiros. Muitos americanos o fazem, sobretudo os que moram em ambientes de baixa escolaridade, imersos nas expressões e nas gírias locais, além de sotaques estrangeiros.

O site oficial do teste TOEFL é www.ets.org/toefl/.Nele você encontrará opções de material de apoio.

Qualquer pessoa interessada poderá realizar o teste. Tanto para matricular-se como no dia do teste, o candidato deverá apresentar um documento de identidade válido e reconhecido. Toda pessoa que o fizer fora do seu país de origem, deverá obrigatoriamente apresentar o passaporte.

As pessoas não são aprovadas nem reprovadas no teste TOEFL, porém muitas universidades e outras instituições exigem uma quantidade mínima de pontos para aceitar um candidato no curso ou trabalho desejado.

O máximo que se pode alcançar no teste virtual pela Internet é de 300 pontos. No teste escrito, 677 pontos. A média solicitada pelas universidades para cursos de graduação é de 220 até 550 pontos.

Se o teste for realizado nos Estados Unidos, o candidato poderá ligar para 1-800-468-6335 ou diretamente para o centro de testes previamente definido pelo candidato.

O teste TOEFL pode ser realizado durante todo o ano. Os interessados deverão ligar aos centros de aplicação e verificar as datas disponíveis dentro do interesse de cada centro de testes.

O teste, seja realizado através de computador ou escrito, tem o mesmo preço e deverá ser pago com cartão de crédito no momento da inscrição mesmo via telefone. O pagamento também é aceito através de money order pelo correio. Se o candidato precisar fixar nova data, deverá pagar um valor adicional.

Certas universidades americanas também oferecem curso preparatório para o teste TOEFL.

Nos Estados Unidos o resultado do teste é enviado pelo correio em aproximadamente duas semanas após a realização.

Capítulo 5 - Forças Armadas

A partir de 16 anos e após os 18 até os 26 anos, todos os homens que vivem nos Estados Unidos geralmente recebem uma ficha de inscrição para se cadastrar nas Forças Armadas, em inglês Selective Service System (www.sss.gov). Esse sistema entrou em vigor quando os Estados Unidos eliminaram a convocação obrigatória ao serviço militar depois da Guerra do Vietnã.

As fichas de inscrição para cadastramento que muitos imigrantes recebem mencionam que aqueles que não se registrarem ou não responderem terão que pagar uma multa de até 500 mil dólares ou poderão ser penalizados com prisão por até cinco anos. Entre outras penalidades, os homens que não se registram ficam impedidos de prestar qualquer concurso público, trabalhar para o governo local, estadual ou federal, e também não poderão aplicar para empréstimos estudantis garantidos pelo governo.

Estrangeiros em idade hábil que não adquiriram a nacionalidade americana são isentos de registro, mas deverão preencher o formulário corretamente e enviar a prova solicitada, assim como fotocópia do passaporte, ao serviço de cadastramento.

Para aqueles que se registram: após envio do formulário, deverá receber em duas semanas o número de registro, que poderá ser usado ao preencher pedido de matrícula em certas universidades, assim como para requerer empréstimos estudantis caso tenha Social Security.

Se as leis referentes à convocação de homens para a guerra forem alteradas, o brasileiro poderá sempre se isentar mesmo estando registrado caso for estrangeiro não-naturalizado.

As Forças Armadas nos Estados Unidos dividem-se em: Army (Exército), Navy (Marinha), Air Force (Força Aérea), Marines (Fuzileiros Navais, independentes da Marinha), National Guard (Guarda Nacional), e Coast Guard (Guarda Costeira).

Para servir nas Forças Armadas, o brasileiro não precisará ser cidadão americano. Ao entrar para as Forças Armadas, a pessoa terá direito de ajustar seu status imigratório como residente permanente no país (permanent residence ou green card). Após três anos residindo como estrangeiro (resident alien), poderá requerer a cidadania americana.

As Forças Armadas americanas são compostas de indivíduos voluntários não convocados. Há um alto contingente de pessoas provenientes de minorias raciais, étnicas, econômicas ou sociais, incluindo-se americanos (brancos) que são pobres, além dos que seguem carreira militar por razões familiares.

Parte 8
Situações Difíceis

Imprevistos

Quando se está fora do país de origem, por causa da ausência ou poucos familiares por perto, é necessário estar preparado para imprevistos como falecimento, falta de moradia, etc. O mais importante é se precaver. Quem tem planos de emergência para situações difíceis poderá lidar melhor com o inesperado.

Em diversas partes dos Estados Unidos, agências locais do governo possuem manuais específicos de preparo no caso de desastres naturais ou outras situações semelhantes. Devido a localização geográfica americana, muitos Estados são suscetíveis todos os anos a furacões, enchentes, terremotos, tornados, etc. Consulte a Prefeitura ou agências do governo local para saber sobre as instruções que constam nestes Manuais, entre elas: como preparar a mala de emergência, quais são as rotas de evacuação, localização de abrigos de emergência, etc.

Capítulo 1 - Assistência a brasileiros

1. Plantão Consular

Em casos de falecimento, acidente, ou prisão de cidadão brasileiro e também a quem é negada a entrada nos Estados Unidos, todos os Consulados brasileiros possuem um Plantão Telefônico que funciona durante as 24 horas do dia, mesmo nos finais de semana e feriados, com a assistência de um diplomata e um funcionário.

Negação de entrada: Quando o brasileiro é detido pela imigração americana no aeroporto ou outra fronteira internacional, é notificado pelo questionário a ser preenchido que pode contactar o Consulado brasileiro para informações quanto aos procedimentos de praxe e também os familiares no Brasil.

Olho vivo! Não confunda o termo "negação de entrada" com "deportação". O que difere um termo do outro é que deportação exige como pré-requisito um julgamento, enquanto negação de entrada é uma medida administrativa, que não envolve o Judiciário.

Óbito: o Consulado Geral do Brasil de New York fornece instruções e, se necessário, pode indicar opções e telefones de algumas funerárias.

Quando comprovada a situação de emergência fora do expediente consular, se necessário, o funcionário ou diplomata poderá deslocar-se até o Consulado para dar o devido atendimento. É o caso de quando um parente falece no Brasil e o brasileiro que está aqui necessita de um documento para embarcar.

O número dos telefones de plantão não deverá ser utilizado de forma inapropriada para pedir informações corriqueiras.

1.A - Repatriamento

Se o brasileiro se encontrar em extrema dificuldade tais como desemprego, falta de moradia, de recursos e de alimentação, estiver querendo regressar ao Brasil e não dispuser de recursos para adquirir passagem aérea, poderá pedir ao Consulado brasileiro para ser mandado de volta. O Consulado pedirá autorização à Brasília para fazer o repatriamento. O brasileiro terá de comprovar sua própria situação de penúria financeira e provar que seus parentes no Brasil também não têm condições de ajudá-lo a retornar.

No caso de repatriamento, o passaporte brasileiro será retido pelo Consulado. O repatriado retornará ao Brasil munido de um documento de viagem emitido em substituição. Enquanto não ressarcir o governo pelas despesas com sua passagem, não conseguirá obter novo passaporte.

Tenha consciência de que o repatriamento é uma possibilidade e pode ser um processo difícil. A concessão não é imediata.

1.B - Orientação

Através do departamento de assistência a brasileiros, o Consulado de New York orienta e indica serviços de utilidade pública para aqueles que precisam de ajuda e não sabem a quem ou onde recorrer. Uma vez que se mantém em contato freqüente com diversas instituições nas áreas de saúde, judiciária, policial, de defesa da mulher e do consumidor, o Consulado, quando necessário, faz o encaminhamento necessário aos grupos de suporte que fornecem abrigo (shelter), centros de apoio ao portador de HIV, centros de psiquiatria, centros de apoio a vítimas de violência doméstica etc.

Na área médica: o Consulado de New York oferece suporte aos turistas brasileiros em situações emergenciais como hospitalização repentina. O Consulado também ajuda os parentes de brasileiros hospitalizados nos Estados Unidos a obter visto que foi negado junto ao Consulado americano no Brasil.

Na área jurídica, quando solicitado, funcionários consulares vão visitar brasileiros detidos pela imigração americana para orientá-los caso precisem de advogado e não têm condições de pagar.

O Consulado também pode indicar serviços de cárater particular oferecidos por profissionais brasileiros nos Estados Unidos.

2. Organizações Não Governamentais - ONGs

Na maioria das cidades grandes, geralmente existem vários grupos de suporte, o chamado Terceiro Setor, os quais fornecem refeições gratuitas ou ajuda alimentícia, abrigo (shelter) para passar a noite, banheiros públicos para tomar banho, etc.

Muitas vezes, não é recomendável procurar diretamente esses grupos de suporte. Para obter ajuda, se faz necessário já chegar no local com uma carta de recomendação ou telefonema dado por alguma instituição, seja o Consulado, Associações brasileiras, assistentes sociais ou líderes religiosos.

Apesar de ter surgido como grupo direcionado à comunidade gay em 1996, o Brazilian Rainbow Group - BRG em New York é uma das instituições que têm ajudado brasileiros sem discriminá-los quanto à orientação sexual encaminhando-os para auxílio profissional. Trata-se de uma organização sem propósito de lucro registrada junto ao governo americano, que oferece seus serviços gratuitamente. Site: www.brgny.org

Olho vivo! Ao procurar ajuda de alguma instituição, verifique se é ou não oficialmente registrada, há quanto tempo funciona, quem patrocina ou ajuda na manutenção, etc. Antes de procurar qualquer instituição, assegure-se de que a mesma possa realmente corresponder às suas expectativas.

3. Instituições religiosas

Em várias comunidades de imigrantes é grande a quantidade de instituições religiosas existentes. Muitas delas foram fundadas por líderes religiosos brasileiros. Outras já existiam e passaram a contar com padres ou pastores que falam português.

Além do papel religioso, muitas igrejas desempenham papel comunitário social determinante, seja no sentido de ajudar imigrantes independentemente de serem vinculados à própria instituição religiosa, beneficiando o povo em geral como é o caso da Igreja Luterana de Santo Estêvão (St. Stephens' Lutheran Church) em Newark, NJ. Sensível à qualidade de vida e à saúde do imigrante, a igreja possibilita com certa freqüência a realização de exames de mamografia e papanicolau gratuitamente, assim como a realização da "Feira da Saúde" duas vezes ao ano, que oferece exames gratuitos por médicos voluntários de hospitais e universidades. Os imigrantes, que na maioria das vezes não possuem seguro de saúde, podem fazer gratuitamente exames de pressão arterial, colesterol, diabetes, etc.

Ao procurar por ajuda, seja espiritual ou social, de uma instituição religiosa, saiba o que é importante:
• Há igrejas que aproveitam-se da carência espiritual e da vulnerabilidade dos imigrantes, muitas vezes geradas por fatores como saudades de pessoas queridas no país de origem, solidão, luta pela sobrevivência, excesso de trabalho, dificuldade de adaptação quanto as questões culturais e o clima no

país para onde se mudou, medo das situações novas e desconhecidas, falta de saber como lidar bem com situações limites e fraquezas.

• Certas instituições também recorrem a chantagens espirituais. Tenha cuidado com líderes religiosos dispostos a proporcionar maior ou menor

"benção" conforme o valor da contribuição em dinheiro. Lembre-se que o conceito do dízimo é baseado numa tradição bíblica de gratidão e que não deve ser um requisito para pertencer a uma comunidade. Enfim, questione os critérios da igreja, as condições para obter aceitação, verifique como os líderes lidam com a questão financeira, as atividades que oferece e o envolvimento dos fiéis na vida da comunidade em geral.

A Catholic Charities providencia assistência social e encaminhamento para locais de distribuição de comida, abrigo ou moradia, etc. Saiba mais pelo site www.catholiccharitiesusa.org

3.A - Exército da Salvação (Salvation Army)

Os serviços sociais do Exército da Salvação são conhecidos no mundo todo.

As sedes da Salvation Army estão espalhadas em todo os Estados Unidos, no Brasil e em mais de cem países.

Para receber ajuda, não é preciso fazer parte da igreja.

A Salvation Army também realiza trabalho de encaminhamento para outras instituições, quando necessário.

Para maiores informações visite o site www.salvationarmyUSA.org em inglês ou www.aproses.org.br/mambo/ em português.

4. Violência doméstica

A violência doméstica é definida como agressão física ou psicológica contra a pessoa com quem vive o indivíduo. Muitas vezes poderá envolver menores de idade.

• Violência física é o uso da força com o objetivo de ferir, deixando ou não marcas evidentes. Atos violentos podem ser cometidos por terceiros, como por exemplo, outros parentes, os filhos ou mesmo profissionais contratados para isso.

• A violência psicológica ou agresssão emocional, às vezes tão prejudicial quanto a física, é caracterizada por rejeição, desprezo, discriminação, humilhação, desrespeito e punições praticadas intencionalmente como, por exemplo, quando a mulher é trancada em casa ou impedida de sair pelo marido, ou quando há controle excessivo das despesas de casa como o uso do telefone.

Os casos de violência doméstica geralmente começam com pequenas agressões e podem acabar em atos graves como assassinato. É alto o número dos problemas familiares que terminam em homicídio sem prévia denúncia à polícia.

A violência doméstica é um dos problemas mais comuns encontrados pelos policiais nos Estados Unidos. De acordo com as estatísticas do Department of Justice (Ministério da Justiça), há no país entre 960 mil e quatro milhões de casos de violência doméstica por ano; cerca de 92% dos casos de violência doméstica, os crimes são cometidos pelo homem contra a mulher.

Olho vivo! - A maioria dos imigrantes envolvidos são provenientes de países onde esse tipo de agressão é considerado normal ou até mesmo apoiado pela lei. Porém, nos Estados Unidos, o simples fato de bater em alguém dá cadeia.

Vários imigrantes são ameaçados de deportação pelo cônjuge ou companheiro e, portanto, acabam por não denunciar seus agressores.

Há organizações que oferecem suporte para pessoas indocumentadas vítimas de violência doméstica, oferecendo assistência nas áreas de saúde, moradia, alimentação e até mesmo na procura de emprego.

Olho vivo! Se você for vítima de qualquer ato de agressão ligue imediatamente para o serviço telefônico de emergência 911 e solicite ajuda.

O serviço prestado por essas organizações mantém confidencialidade quanto ao endereço onde as vítimas passam a residir.

Uma vez denunciado à polícia, o agressor deverá responder a um processo judicial e poderá ser preso. O imigrante naturalizado poderá perder a cidadania. O imigrante ilegal poderá ser deportado.

Onde Obter ajuda
- Linha direta nacional: (1) 800-799 7233
- Área metropolitana da cidade de New York (sul de Connecticut, norte de New Jersey):
- Safe Horizon: organização sem fins lucrativos que oferece suporte, prevenção de violência e promove justiça para as vítimas de violência doméstica e suas famílias. Também ajuda imigrantes e refugiados. Possui atendimento em espanhol.
- Linha direta para vítimas Tel: 212-577-7777
- Linha direta para violência doméstica Tel: (1) 800 621-HOPE (4673)
- Linha direta para casos de estupro (Rape Sexual Assault) Tel: 212-227-3000
  Site: www.safehorizon.org

- AVP - Anti-Violence Project: a serviço de gays, lésbicas, transgêneros, bissexuais e soropositos que são vítimas ou afetados por violência. Fornece confidencialmente, livre de custo, terapia e aconselhamento.
  Linha direta bilíngüe 24 horas: 212-714-1141
  Site: www.avp.org
- New Jersey
  New Jersey Coalition for Battered Woman -NJCBW (Coalizão de New Jersey para Mulheres Vítimas de Abuso): encaminhamento das vítimas de violência doméstica para Centros específicos incluindo apoio, serviços legais e abrigo. Também oferece treinamento e oficinas sobre violência doméstica.
  Linha direta: (1) 800-572-SAFE (7233)
  Site: www.njcbw.org
- Massachussets
  Jane Doe Inc.- Massachussets Coalizão contra Violência Doméstica e Estupro: organização sem fins lucrativos que oferece suporte, prevenção de violência e promove justiça para as vítimas de violência doméstica e suas famílias. Também ajuda imigrantes e refugiados. Possui atendimento em outras línguas.
  Linha direta: (1) 800-223-5001
  Site: www.janedoe.org

5. Emergências e o 911

Emergências são situações que exigem auxílio imediato como acidentes graves, incêndios e crimes. Em casos emergenciais ligue para o número 911. Através deste serviço, a ajuda pode chegar de forma rápida. Como a Central de Emergência recebe várias chamadas telefônicas ao mesmo tempo, a ajuda é priorizada conforme a gravidade de cada caso.

Todos os telefonemas são gravados e registrados em um computador, constando o endereço de onde foram feitos.

Quem não fala inglês, deverá tentar se comunicar pelo telefone de alguma forma, seja pronunciando a simples interjeição de socorro Help! (lê-se Réupe). Ao perceber a dificuldade de se expressar em inglês, a autoridade poderá recorrer aos serviços de um intérprete por telefone.

Saiba sempre seu endereço completo. Aprenda a pronunciá-lo corretamente em inglês e memorize inclusive o Código postal (o C.E.P., em inglês, é ZIP Code). Forneça sempre seu nome completo.

Diferença Cultural: Nos Estados Unidos, a maneira formal exige chamar as pessoas sempre pelo sobrenome, precedido de mister (Mr.), misses (Mrs.), miss e ms. Se o nome da pessoa for John Smith, chame-o Mr. Smith (senhor Smith). Se for uma mulher casada chame-a de Mrs. Smith (Senhora Smith). Para mulheres solteiras usa-se o miss (senhorita). Quando desconhece-se o estado civil da mulher é usado o ms.

Explique ao seu filho a existência do serviço de emergência. A maioria das crianças também aprende muito cedo na escola sobre o telefone 911. Toda criança deve saber seu próprio nome e sobrenome, nome completo dos pais, endereço de onde mora.

A Central de Emergência providencia ajuda enviando uma ambulância, o corpo de bombeiros ou a polícia, conforme a situação.

6. Polícia

Se a sua situação não for de emergência, não ligue para o 911. Ligue para a delegacia de polícia (Police Precinct) mais próxima. Em New York, também há o número 311 para questões não emergenciais.

Saiba sempre o número telefônico da delegacia mais próxima de sua residência. Na Internet, digite em um sistema de busca a expressão Police Precint acrescentando o nome da sua cidade.

O trabalho da polícia na solução de um crime é baseado na cooperação da comunidade, em que cada pessoa informa sobre situações suspeitas.

Quando não souber o cargo ocupado pelo policial que o atender, chame-o de officer. Já o delegado de polícia, ocupa o cargo de Commanding Officer. Diferente do Brasil, nos Estados Unidos não existe a divisão entre polícia civil e militar. A hierarquia policial é baseada no sistema militar. Cabe ao prefeito da cidade comandar os chefes de polícia. A polícia estadual é comandada pela Secretaria de Justiça e o Governo do Estado. A polícia federal é o FBI (Federal Bureau of Investigation), encarregado de investigar quando os crimes cruzam as fronteiras interestaduais.

Quando fizer uma queixa, seja conciso e evite dar sua opinião pessoal. O que você pensa sobre a outra pessoa não é útil para a polícia. Concentre-se em narrar os fatos, sem exagerar. Não aumente nada nem conte mentiras. A polícia poderá investigar e se descobrir a verdade, você poderá ser acusado de perjúrio e poderá haver conseqüências por ter omitido a verdade. Também observe a hora em que o fato denunciado aconteceu, um dado que a polícia sempre irá lhe perguntar.

Ao fazer uma queixa, anote sempre o nome e o número do crachá (badge number) do policial que lhe houver atendido.

Nenhum policial poderá forçar entrada em qualquer residência sem ter o mandato de busca assinado por um juiz. Em casos de crime grave, o policial terá o direito de inclusive arrombar a porta e vasculhar a casa.

Geralmente todo abuso de autoridade por parte do policial poderá ser denunciado independentemente do status imigratório da pessoa abusada. Ameaças são caracterizadas como crimes graves e há recursos para proteger pessoas ameaçadas por policiais. Durante uma ocorrência policial, toda denúncia feita será sempre investigada.

Na cidade de New York há mais de 120 delegacias de polícia. Para verificar qual é a delegacia mais próxima ou outra , visite o site www.nyc.gov , o qual contém link direto a uma específica delegacia em Manhattan, Queens, Brooklyn, Bronx e Staten Island. Alguns sites incluem até mesmo fotos de pessoas desaparecidas.

7. Tribunal (Court)

Nos Estados Unidos, o status imigratório das pessoas não impede que movam uma ação judicial. Se a pessoa sofrer alguma lesão, pessoal, física ou psicológica, tem o direito de pedir reparo pelos danos na Justiça, mesmo que isso implique em mover processo contra o governo.

Ao receber a intimação judicial, informe-se sobre a localização do Tribunal e saiba antecipadamente como chegar até lá.

Use sempre trajes formais quando for ver o Juiz no Tribunal.

Vários Tribunais têm intérpretes em português e outros idiomas. Mas no caso dos Tribunais que não oferecem, quem não fala inglês terá que contratar um intérprete particular. Nem sempre parentes e amigos que falam inglês dominam as expressões judiciárias e tão pouco podem orientar para a defesa e resolver o problema numa única sessão como o bom intérprete pode fazer.

Quando se contrata um intérprete, o atendimento poderá ser facilitado, desde que a ofensa não seja criminal (roubo, assalto, agressão, violência doméstica, estupro, seqüestro, dirigir embriagado, etc).

8. Prisão

Quando a prisão é efetuada, o suspeito permanece detido até o juiz estipular a fiança, o que deverá ser feito geralmente dentro do prazo de 72 horas (três dias úteis seguidos, fora sábado, domingo e feriado).

O detido deixa na polícia sua ficha criminal, com nome, foto, endereço, impressões digitais e outras informações.

No caso da transferência do julgamento, se o suspeito for solto e o crime for grave, o Tribunal estipulará a fiança a ser paga para o suspeito aguardar o julgamento em liberdade.

De acordo com a maioria das leis estaduais é o juiz quem estipula fiança ou a veta. Após o julgamento, o dinheiro da fiança será devolvido.

Quando o acusado opta por viver foragido, poderá ser detido sem direito à liberdade sob fiança.

Quem não tem condições financeiras de pagar um advogado, poderá preencher um requerimento ao Tribunal apelando para o direito constitucional para ter um defensor público. Antes de aceitarem pegar o caso, irão avaliar a renda e bens do solicitante. As autoridades devem fornecer uma lista de advogados que prestam serviços gratuitos.

Vários imigrantes vêm de países onde brigar na rua pode ser comum. Nos Estados Unidos é motivo de prisão.

Em várias partes dos Estados Unidos, há advogados que tratam de casos pro bono (gratuitamente):
• Legal Aid Society of New York (em Manhattan). Tel: 212-577-3300
• Legal Aid Association of Essex County em Newark/NJ. Tel: 973-622-1513

Olho vivo! Nos Estados Unidos, no momento da prisão o detido não é obrigado a dar depoimento algum. Por lei, o detido tem o direito de ficar calado até o advogado estar presente para poder ser interrogado.

Capítulo 2 - Falecimento

Falecimento é um dos assuntos mais delicados e problemáticos das comunidades imigrantes brasileiras porque quase nunca passa pela cabeça de ninguém que poderá falecer fora do seu país de origem.

O governo brasileiro não fornece auxílio financeiro para o traslado dos corpos na hipótese da família não possuir recursos para custear o traslado (ou a cremação e o transporte das cinzas). Em 2005, os brasileiros que vivem no exterior, principalmente no Japão, Estados Unidos e Europa, enviaram ao Brasil mais de seis bilhões de dólares, segundo estudos divulgados pelo BID (Banco Interamericano de Desenvolvimento).

Quando ocorre o falecimento, os familiares que estão no Brasil geralmente querem ver o corpo pela última vez. Essas famílias, que na maioria das vezes dependiam daquele dinheirinho que chegava do exterior, raramente têm condições financeiras de pagar o traslado (transporte) do corpo, de avião ao Brasil. Portanto, muitas vezes amigos e conhecidos acabam se organizando para arrecadar dinheiro, fazendo caixinhas muitas vezes expostas nos restaurantes e estabelecimentos comerciais brasileiros onde há concentração de imigrantes.

Precauções como seguro de vida, testamento, pessoas a quem informar em caso de morte, etc, são importantes questões para todos.

Olho Vivo: No Estado de Goiás o governo possui um Fundo de Auxílio Funerário aos Goianos Vitimados no Exterior (FUAVE), o primeiro no Brasil criado em 2005 através da Assessoria para Assuntos Internacionais de Goiás, da SEPLAN (Secretaria de Estado do Planejamento e Desenvolvimento). Você pode entrar em contato com a Assessoria através dos telefones 011 55 62 3201 7898 (ou 7935 e 7913) ou pelo e-mail aai@seplan.go.gov.br

1. Quando alguém morre

Através do serviço de assistência para brasileiros, os Consulados orientam sobre documentações, procedimentos e funerárias.

Na primeira etapa, a família terá que decidir basicamente o que deverá ser feito com o corpo, entre: traslado para o Brasil para o enterro; cremação e envio ou não

Olho vivo! Pessoas cautelosas deixam por escrito um documento contendo os nomes dos amigos a quem recorrer em caso de falecimento.

de cinzas para o Brasil; enterro nos Estados Unidos. A opção por doação do corpo para fins científicos poderá ser feita somente pela pessoa ainda em vida.

Quando não há familiares ou parentes nos Estados Unidos, alguém no Brasil terá que autorizar através de carta enviada por fax para que algum amigo ou conhecido do falecido possa tomar as devidas providências com relação ao corpo. A carta deverá ser escrita em inglês, caso contrário a tradução poderá ser feita pelo Consulado.

Com a autorização da família, a funerária vai retirar o corpo no hospital ou necrotério.

O prazo em média concedido para a família ir reclamar o corpo no necrotério geralmente é de três meses. Quando não há reconhecimento ou identificação do corpo, o falecido poderá ser enterrado como indigente.

2. Embalsamamento e embelezamento

Geralmente nos Estados Unidos os corpos são embalsamados. Trata-se de um processo que consiste na retirada dos órgãos internos e na introdução de substâncias capazes de retardar o processo de decomposição.

Diferença cultural: O embelezamento dos restos mortais faz parte do ritual funerário americano. Aplica-se maquiagem, o cabelo é bem penteado e o corpo é perfumado no intuito de dar uma aparência serena para os parentes e conhecidos guardarem do momento da despedida. Será preciso explicar antecipadamente essa diferença, sobretudo aos parentes próximos, antes que se surpreendam com esse tratamento no corpo do ente querido que for enviado para sepultamento no Brasil.

3. Envio do corpo para o Brasil

O responsável deverá apanhar o Death Certificate (certificado de óbito) no hospital e recolher o passaporte e a restante documentação da pessoa falecida. O Consulado emitirá atestado de óbito em português, baseado no certificado, em inglês, e acrescentará as informações prestadas pela família como a especificação de herdeiros, etc.

Para o traslado do corpo, faz-se necessário:
* Certificado de embalsamamento. No caso de religiões que não permitem embalsamamento, o Consulado poderá providenciar uma carta para a empresa aérea justificando a exceção e pedindo liberação.
* Certificado ou declaração de que o falecido não morreu de doença contagiosa. Quando a autópsia constata o contrário, para o traslado, o caixão deverá ser revestido com um plástico especial, além de ser tratado com produtos químicos protetores para evitar contaminação.
* Legalização de todos documentos, para as empresas aéreas, pelo Consulado. Isto inclui o cancelamento do passaporte, atestado de óbito, atestado do Departamento de Saúde comprovando que a morte não ocorreu em conseqüência de doença contagiosa, e certificado de embalsamamento.
* No caso de procedimentos que precisem ser realizados em finais de semana ou fora do horário do expediente consular, ligue para o Plantão Consular.
* Para o traslado, todos os documentos do falecido devem seguir no caixão junto com o corpo. Na parte inferior do caixão usado no traslado, nas proximidades dos pés do defunto, é inserido um vidrinho onde são guardados os documentos, pois no caso do corpo ser enviado por engano para outro país, as autoridades poderão fazer a identificação.
* Os familiares deverão fornecer à funerária americana todos os dados da

funerária que irá receber o corpo no Brasil, incluindo-se nome, endereço, cidade, Estado e os números do C.E.P. e do telefone. Também é necessário informar os números do vôo dependendo da cidade e Estado brasileiro de destinação.
• Mediante aviso e autorização da funerária americana, os agentes funerários brasileiros deverão ir ao aeroporto buscar o corpo.

Diferença Cultural: Caixões, jazigos ou túmulos nos Estados Unidos possuem diferentes tamanhos se comparados ao Brasil. Por isso, o parente ou outro indivíduo encarregado de enviar o corpo deverá ter o cuidado de sempre saber e informar quais são as dimensões do caixão de envio. É aconselhável providenciar outro caixão no local de destinação para evitar transtorno.

Para o traslado é obrigatório que o caixão seja revestido com fita de zinco para evitar qualquer desintegração.
O corpo é enviado pelo mesmo sistema com que se enviam mercadorias e transportado na seção de carga do avião pelo custo calculado em base ao seu peso total.

4. Velório (wake)

Ao optar por um certo número de horas ou de dias para o corpo ser velado, a família pagará o valor correspondente à agência funerária. A visitação é feita em horário comercial ou às vezes até às 22h. Ao contrário do Brasil, o corpo não é velado durante a madrugada.

Diferença cultural: Nos Estados Unidos, a realização do velório é opcional. E também nem precisa ser necessariamente realizado logo após o falecimento. É muito antigo o hábito cultural de congelar o cadáver antes de enterrá-lo. Relaciona-se aos longos e rigorosos invernos do norte do país em que os cadáveres precisavam ficar no porão à espera do degelo, na primavera. Atualmente é conveniente, para esperar o momento propício de reunir parentes e amigos.

5. Enterro (burial)

A maioria dos cemitérios nos Estados Unidos permite que o mesmo local do sepultamento (que não são túmulos como no Brasil) seja utilizado por duas pessoas e alguns permitem até três, ao contrário do Brasil, onde se fazem sucessivos sepultamentos num mesmo jazigo.
Para sepultar será necessário comprar o terreno no cemitério, pagar a abertura da terra, adquirir no local a pedra ou placa de marcação (tumbstone), onde geralmente consta o nome e as datas de nascimento e falecimento. O pagamento do sepultamento poderá ser parcelado.

6. Cremação (cremation)

Essa pode ser a forma mais barata e mais rápida. Às vezes a própria funerária disponibiliza este serviço e quando não, pode se encarregar de levar o corpo ao crematório.

Os preços das urnas para as cinzas variam. Para o embarque das cinzas ao Brasil, opte por urnas de madeira para passar facilmente pelo detector de metais do aeroporto.

Para o embarque da urna, recomenda-se a legalização do atestado de óbito no Consulado, que será anexada ao certificado de cremação.

Muitas pessoas optam por lançar as cinzas em lugares variados como o mar. Poderão também ser colocadas nos sepulcros de certas igrejas, etc, ou enterradas em outros lugares como jardins comunitários de comunidades religiosas desde que as cinzas sejam depositadas diretamente na terra, sem qualquer urna.

7. Doação

Para aqueles que não querem enviar o corpo para o Brasil ou cremá-lo, existe a opção de doá-lo para fins científicos. Diversas instituições dependem de cadáveres para estudo de certas doenças ou mesmo para o aprendizado de pessoas no campo médico. Para doar é necessário ter carta do falecido com firma reconhecida e a presença de duas testemunhas. Para saber mais sobre como fazer doação, entre em contato com instituições de ensino médico da sua região ou com instituições como Anatomy Gifts Registry (www.anatomicgift.com), Tel.: (1) 800 300 54 33.

Para a doação de órgãos, a pessoa deverá deixar uma carta assinada estipulando os órgãos que poderão ser doados. Não há como doar os órgãos para alguém no Brasil. A doação terá que ser feita nos Estados Unidos, porque a retirada dos órgãos necessita ser feita com muita rapidez. No Estado de New York, quem quiser ser um doador e tiver carteira de motorista poderá deixar sua autorização registrada no próprio documento.

8. Will (testamento)

O testamento, também conhecido como Last Will, é um documento necessário para qualquer pessoa que possua bens nos Estados Unidos. Apesar disso, mais de 60% dos próprios americanos não o fazem.

O testamento é o único documento em que você poderá definir para efeito de lei quem serão os guardiões legais de seus filhos.

O testamento é também o documento onde é definido como você quer que seja feita a distribuição dos seus bens.

Cada Estado possui um formulário de testamento específico a ser preenchido em caso de falecimento. O testamento tem que ser revisado de acordo com as circunstâncias e condições da pessoa periodicamente. Certas circunstâncias tais como estado civil, herdeiros, bens, etc, devem constar no documento e/ou serem atualizados.

Olho vivo! É aconselhável procurar um advogado especializado em testamentos para que este documento seja válido. O advogado também poderá dar instruções de como manter o documento atualizado regularmente.

Parte 9
Representatividade popular e força política

A representatividade brasileira nos EUA ainda é invisível. Certas Organizações e/ou Associações, e inclusive certos empresários brasileiros, têm dado relevância e investido alto na realização de grandes festas, não priorizando os problemas e necessidades reais da comunidade. Tão pouco revertem parte da verba e do lucro diretamente para as causas sociais mais urgentes.

Historicamente os Estados Unidos é composto por diversos grupos de pessoas, sejam estes afiliados de forma étnica, religiosa, racial, etc, que imigraram em diferentes épocas. Cada um desses grupos, de acordo com o período em que chegaram nos Estados Unidos desenvolveram formas de representação e participação no país. Alguns desses grupos alcançaram seus objetivos antes de outros e muitos ainda visam alcançar.

Muitos dos imigrantes nos Estados Unidos passaram por várias barreiras sendo que a convivência com sentimentos antiimigrantes não os impediu de ter sucesso em seus empreendimentos.

A representatividade popular pode gerar a força política, pois como diz o provérbio "a união faz a força".

Através de força política, as comunidades brasileiras nos Estados Unidos podem melhorar para seus integrantes diversos fatores tais como qualidade de vida, educação, saúde, trabalho, etc.

Capítulo 1 - Sistema político nos Estados Unidos

A principal forma de influência e força política é o voto. Segundo a lei americana, todo cidadão tem direito ao voto.

O voto nos Estados Unidos não é obrigatório. Isso faz com que determinados grupos que votam ou participam do processo político tenham muita influência sobre os planos e ações do governo.

Só podem votar cidadãos americanos. Todo estrangeiro deve se naturalizar para se tornar cidadão (citizen). Para se naturalizar é necessário que a pessoa tenha o green card por certo tempo. Confira mais detalhes na parte de Legalização deste Manual.

Em alguns Estados, o cidadão que comete um crime e é preso, perde o direito ao voto. Esse direito poderá ser recuperado mais tarde, porém este passará um bom tempo sem poder votar.

Há várias formas para votar. Quem tem que viajar, por exemplo, pode votar com antecedência e enviar a cédula pelo correio, que será guardada para ser contada após a eleição. Muitos soldados votam assim quando encontram-se em países estrangeiros. O mesmo vale para idosos impossibilitados de sair de casa.

Outras formas de participação política: todo imigrante, legal ou não, poderá ser voluntário em campanhas eleitorais, distribuindo panfletos, afixando cartazes ou dialogando com pessoas.

Os três poderes do governo federal são:
• Executivo - que compreende o Presidente e seu gabinete.
• Legislativo - composto de duas Câmaras: o Senado (Senators) e Deputados Federais (Congressmen - Congresswoman).
• Judiciário - composto pelos Tribunais Federais, dividido em várias repartições regionais, cujo mais alto é a Supreme Court.

Diferença cultural: Nos Estados Unidos, em várias jurisdições regionais permite-se a eleição pelo povo do delegado do condado (County Sheriff) e dos juízes locais.

As divisões políticas nem sempre correspondem as divisões geográficas, e estas nem sempre são as mesmas em todas as localidades. Por exemplo: no Estado de New York, além de municípios (cities), existem villages, manors, towns, etc, que podem ser independentes econômica e politicamente ou não, dentro dos condados (Counties), enquanto no Estado de Louisiania, cities, towns, villages, podem ser independentes econômica e politicamente dentro das Parishes (paróquias).
Veja no final desta parte do Manual sobre como candidatar-se.

Capítulo 2 - Participação popular

A mentalidade de ficar esperando a iniciativa da Prefeitura ou do Governo, não funciona nos Estados Unidos. A base do envolvimento político e social norte-americano é a participação das pessoas em suas comunidades em organizações solidárias, sociais e políticas. Não é necessário ser cidadão, ter green card ou estar legalizado no país para fazer parte de diversas organizações.

Através de organizações é que imigrantes podem participar, independente do status imigratório, do processo político e social das comunidades em que vivem. Muitas dessas organizações já existem e já possuem seus critérios para participação. Na época de eleições, os políticos procuram essas organizações para apoio e votos.

Diferença Cultural: Apesar de valorizar a conquista individual, a ambição e a competitividade na economia e no trabalho, os Estados Unidos costuma ser generoso nas emergências graças às iniciativas populares. O sistema de participação e trabalho voluntário funciona muito bem. O corpo de bombeiros e o serviço das ambulâncias em cidades pequenas, por exemplo, é formado na maioria por voluntários, porque o orçamento das cidadezinhas geralmente é insuficiente para manter um plantão constante, mesmo com a ajuda do governo.

1. Força econômica das comunidades imigrantes

O simples fato do imigrante ser um trabalhador e consumidor de bens e produtos significa que está participando ativamente da economia do país. Muitas comunidades imigrantes revitalizaram completamente certas áreas em termos financeiros. Isso faz parte da força econômica da comunidade.

Imigrantes geralmente chegam nos Estados Unidos em idade de trabalho e quase nunca dependem de serviços sociais governamentais. Portanto, imigrantes geram riqueza em vez de usarem fundos públicos. De acordo com o Social Secutiy Administration, no ano de 2002, foram contribuídos por imigrantes indocumentados cerca de 6.4 bilhões de dólares para a previdência social americana. Essa quantia aumenta para os anos de 2003 e 2004, bem como se adicionarmos os imigrantes legais.

Pessoas bem estabelecidas no país possuem melhores meios para auxiliar a comunidade e recém-chegados. Por exemplo, os empresários que possuem recursos econômicos poderiam viabilizar de forma concreta a representatividade política e econômica da comunidade, mediante pressão junto às autoridades municipais (lobbying) para obter melhorias para todos, o que poderia também beneficiar a própria classe empresarial brasileira.

Capítulo 3 - Organizações

Já existem várias organizações de apoio nas comunidades brasileiras em diversos Estados. Também há a história de várias organizações que fecharam as portas após pouco tempo.

Quando alguém pensa em iniciar uma ONG (Organização Não Governamental), primeiramente precisa verificar claramente o que pretende realizar através dela. Para tanto:

• Terá que ter uma missão e iniciar o trabalho com um grupo de pessoas que pensem da mesma forma.
• Formar estratégia efetiva de trabalho.
• Ter consciência de que manter uma organização é trabalhoso e requer várias responsabilidades.

• Ter o apoio da comunidade, para a qual a organização prestará serviços ou trabalhará.

• Estabelecer claramente formas de não ocorrer conflitos de interesse pessoais para aqueles que trabalham na organização com referência a missão da instituição.

• Estar ciente que qualquer organização comunitária não é uma empresa privada. ONGS não possuem donos.

Se for uma organização sem fins lucrativos, terá que abrir como Incorporação (Incorporation) e incorporá-la no Estado onde funcionará. Também será necessário registrá-la em Estados próximos fisicamente até onde abranger sua área de ação. Ex: se aberta em New York, terá que registrar em New Jersey para funcionar nos dois Estados. Esse registro pode ser feito no departamento de justiça estadual (Attorney General's Office) e departamento de arrecadação de impostos Estadual.

Organizações sem fins lucrativos são isentas de imposto de renda, desde que tenha a aprovação do IRS.

Para registrar uma Incorporação é necessário ter um Estatuto. Geralmente em New York há a exigência de ter pelo menos três pessoas como responsáveis (independente do status no país).

É necessário solicitar o EIN (Employment Identification Number).

Quando a Organização incluir serviços de aconselhamento, terá que ter um assistente social responsável.

A Organização ou Associação que não fizer registro, não poderá solicitar verbas públicas ou fundos privados de pessoas ou empresas.

Os governos municipais, estaduais e federais destinam verbas (grants) para as entidades sem fins de lucro. Há organizações brasileiras que não sabem onde nem como encontrar recursos para a própria comunidade. É sempre útil quando as associações brasileiras trocam informações e buscam o apoio de organizações mais estruturadas.

As organizações funcionam basicamente com o apoio de voluntários.

Toda Organização é obrigada a prestar contas às entidades fiscalizadoras. Em caso de fraude, os responsáveis podem ser processados e ir para a cadeia.

Profissionais liberais podem doar o tempo e fazer dedução no imposto de renda referente ao valor do que cobrariam pelos seus serviços. Os voluntários também podem ser estudantes universitários. Muitos deles ganham créditos na Universidade quando realizam estágio (internship) numa ONG.

Capítulo 4 - Candidatura

O sistema político e eleitoral norte-americano é aberto a todo e qualquer cidadão que queira participar como candidato em um pleito eleitoral. Mas quase ninguém se candidata sem prévio envolvimento social e político. Além de ter defendido causas públicas, deverá pertencer a algum partido político que o apoie, ou gozar de popularidade, respeito e credibilidade de indivíduos e grupos que lhe tenham confiança e junto aos quais poderá levantar fundos para sua campanha eleitoral independente.

Para se candidatar é necessário ir ao Board of Elections (Painel Eleitoral) da sua região. O formulário de inscrição determina o número de assinaturas necessárias para se registrar como candidato. Todas as assinaturas serão verificadas se realmente pertencem às pessoas registradas para votar. Após a entrega das assinaturas o candidato terá que declarar por qual partido se candidata. Se houverem outros candidatos do mesmo partido naquela cidade, deverá vencer as eleições primárias pelo próprio partido que escolherá seu candidato às finais. Eleito pelo partido, deverá levantar fundos para a campanha.

Olho vivo! Candidatos políticos nos Estados Unidos acabam tendo a vida pessoal detalhadamente analisada. É importante saber que candidatos com um passado de escândalos, crimes, etc, não terão a chance de ocupar altas posições políticas.

A ascensão na pirâmide política vai de baixo para cima, nunca ao contrário. A base é o povo. Sem o apoio popular, nenhum grupo ou candidato algum terá legitimidade para representar sua própria comunidade de origem, muitas vezes, por afinidade étnica.

Curiosidade: Os únicos partidos que se destacam nos Estados Unidos são o Republican Party e o Democratic Party, embora há muitos partidos políticos tais como: American Reform Party; Communist Party USA; Freedom Socialist Party / Radical Women; Grassroots Party; Green Party of the United States (Green Party); Independence Party; Independent American Party; Labor Party; Libertarian Party; The Revolution Party; Socialist Party USA; Multicapitalist Party; Pansexual Peace Party; U.S. Marijuana Party, etc.

Parte 10
Consulado

Consulado brasileiro não tem nada a ver com o Serviço de Imigração do governo americano

Capítulo 1 - Função

Por ser considerado território brasileiro, a imigração não tem autoridade para apreender ninguém dentro do Consulado do seu país de origem, assim como os Estados Unidos não podem interferir em assuntos consulares de governos estrangeiros.

Todo Consulado tem o papel de representar os interesses dos cidadãos brasileiros no exterior. Ao receber a prestação de qualquer serviço, em nenhum momento o brasileiro deverá ser questionado se está legal ou não nos Estados Unidos, porque o status imigratório deve ser indiferente para os funcionários consulares.

Os Consulados têm o papel de defender e proteger os direitos dos brasileiros no exterior.

O Consulado-Geral em New York é a mais demandada repartição consular brasileira no exterior. Sua jurisdição inclui os Estados de Connecticut, Dellaware, New Jersey, New York, Pennsylvania e a Ilha das Bermudas. Dentro dela, a comunidade brasileira basicamente se concentra em Newark, NJ, Danbury e Bridgeport, CT, New York City (Queens, Manhattan, Brooklyn, The Bronx), e os condados de Westchester, Nassau e Sulffolk, NY.

Capítulo 2 - Serviços

Antes de ir ao Consulado para solicitar algum serviço, procure se informar melhor a respeito dos documentos exigidos para sua situação. Talvez, a melhor forma de fazer isso seja através de consulta ao site consular. Aqueles que não dispõem de serviço de Internet na região onde moram, poderão se informar por telefone.

Em vários casos, não é necessário comparecer ao Consulado para fazer solicitações de documentos. Há formulários que podem ser retirados através da Internet. Outros serviços podem ser solicitados pelo correio, como é o caso de pedidos de renovação de passaporte e recadastramento eleitoral. O Consulado somente poderá processar pedidos que estejam completos e tenham sido postados até as datas determinadas.

Além de se informar antes, procure se planejar melhor. Geralmente, a movimentação nos consulados costuma ser bem mais intensa no final do ano. Providências como renovação de passaporte deverão ser feitas com antecedência de vários meses antes de sua expiração. O prazo para entrega de certos documentos tem dependido da capacidade de processamento. Quando comprovada situação emergencial, o processamento deve ser feito com rapidez.

1. Missões Consulares Itinerantes

Na Jurisdição do Consulado Geral de New York, uma equipe de funcionários, que compõe o chamado "Consulado Itinerante", desloca-se para certas comunidades onde se concentra a população brasileira tais como Bridgeport (CT), Danbury (CT), Newark (NJ) e Philadelphia (PA). Geralmente, essas comunidades recebem a visita do Itinerante mensalmente. As datas de visita são anunciadas nos sites consulares.

Durante as missões itinerantes são oferecidos os seguintes serviços: alistamento militar e adiamento de incorporação; atestado de vida; expedição de passaportes; legalização de documentos; matrícula consular; procuração; reaquisição de nacionalidade brasileira; entrega de título de eleitor; registro de casamento; registro de nascimento.

Antes de recorrer aos serviços do Consulado Itinerante, tente obter os formulários consulares com as devidas instruções seja através do site consular, pelo correio ou por certas associações comunitárias. Preencha com seus dados, providencie as fotocópias requeridas, preencha o envelope, os selos, a ordem postal (money order) de pagamento da taxa consular indicada, etc, para facilitar o seu atendimento.

2. Burocracias: falta do CPF (Cadastro de Pessoas Físicas) e Título de Eleitor

O Consulado providencia CPF e título de eleitor para brasileiros nascidos nos Estados Unidos e acima de 18 anos de idade. Você pode se cadastrar e fazer o pedido ao Consulado, anexar o formulário de inscrição (disponível no site www.brazilny.org), um documento de identidade válido (RG, certidão de nascimento, ou passaporte), cópia do certificado de reservista (para homens), e comprovante de residência. O Consulado encaminhará essa documentação à Justiça Eleitoral, que devolverá depois ao titular para que o assine.

O CPF, emitido pelo Ministério da Fazenda, é exigido para tirar o Título de Eleitor e fazer qualquer procuração.

Estar com o CPF e o título de eleitor em dia é a garantia de que caso viaje e perca o passaporte, não terá problemas para tirar outro.

Declaração de isento: quem tem o CPF e não declara imposto de renda ou simplesmente declara que está ausente do país, tem que fazer a declaração de isento. Se isso não for declarado durante dois anos consecutivos, o CPF será cancelado.

Transferência do título eleitoral do Brasil para os Estados Unidos: pode ser uma boa maneira de evitar pendências. Isso pode oferecer mais comodidade, pois a pessoa terá que votar a cada quatro anos, enquanto do contrário, terá que votar ou justificar a cada dois anos. A Justiça Eleitoral cancela o título a cada três ausências nas eleições. Para transferir, o título eleitoral deverá estar em dia. Do contrário, será necessário pedir a alguém no Brasil para ir até o Cartório Eleitoral, dar o nome do solicitante e, conforme o local, ver as exigências, entre elas a necessidade de procuração. Se o título estiver regular, porém com multa de duas eleições (por motivo de ausência), bastará pagar uma pequena taxa por eleição. Mediante o pagamento da multa, receberá uma quitação de eleição, documento comprovante de que se está em dia com a Justiça Eleitoral. Procedimentos como esses poderão diminuir as chances da pessoa inadimplente ter seu título cancelado em eleição posterior.

No caso de quem transferiu o título e estiver com pendência eleitoral por não ter votado nas duas últimas eleições, o título será cancelado, mas poderá ser reativado. Há também o caso do título regular (pode não ter votado na última eleição, mas continua regular). Se ocorrer o cancelamento, terá que pedir outro título. Quem estiver em débito (não votou em duas eleições ou não votou em nenhum turno) pode pedir que o juiz o isente da multa por estar no exterior. Esses dois procedimentos podem ser feitos no Consulado.

Quem transferiu o título votará normalmente. No período eleitoral, as urnas para os votos são disponibilizadas pelos Consulados brasileiros. Quem mora muito longe e não pode ir votar, deverá justificar sua ausência pelo correio.

Títulos antigos com fotos foram cancelados desde 1986 e no Brasil foram substituídos. Quem ainda tem o título antigo é como se nunca tivesse sido inscrito. Essas pessoas podem pedir nova inscrição, porque praticamente inexistem para a Justiça Eleitoral.

Para pedidos de expedição ou renovação de passaporte: se não apresentar os comprovantes de votação ou a justificativa eleitoral, o passaporte receberá o seguinte carimbo na página 06: "O portador deverá, dentro de 30 dias de sua entrada no Brasil, regularizar sua situação perante a Justiça Eleitoral. O presente passaporte não poderá ser substituído sem que haja o titular regularizado essa situação". Quem não regularizar sua situação, não poderá, entre outras penalidades previstas pela lei, renovar ou obter novo passaporte.

Uma vez em dia com a Justiça Eleitoral, a pessoa poderá obter o cancelamento da validade do carimbo junto ao Consulado.

3. Problemas de atendimento

Todo Consulado brasileiro pertence ao Ministério das Relações Exteriores do Brasil (Itamaraty) e é regido pelo Poder Executivo brasileiro, diretamente subordinado ao Presidente da República. Todos os Consulados possuem Normas de Serviço Consular e Jurídico e estas normas encontram-se no Manual de Serviço Consular e Jurídico, disponível no site do Ministério das Relações Exteriores (Itamaraty) www.mre.gov.br

Como qualquer órgão governamental, os Consulados têm que resguardar os direitos dos cidadãos brasileiros de acordo com a Constituição Brasileira.

Como funcionário público, nenhum funcionário consular deve tratar mal o público ou se negar a fornecer serviços.

Não cabe ao Consulado ou aos funcionários investigar ou questionar a respeito da vida particular das pessoas atendidas, seja a respeito do status imigratório destes nos Estados Unidos, escolaridade, profissão ou ocupação, etc.

Nos casos de reclamações, os cidadãos brasileiros podem realizá-las primeiramente na própria Repartição Consular. Brasileiros também podem procurar pelas organizações de apoio ao imigrante. Vale notar que mesmo no exterior, brasileiros possuem o direito de exercer sua cidadania plenamente, portanto, estes também podem encaminhar as queixas aos devidos departamentos, tanto no Ministério das Relações Exteriores (Itamaraty), ao presidente da República, assim como junto aos representantes do povo brasileiro do Poder Legislativo (Senadores e Deputados).

4. Matrícula Consular

A Matrícula Consular é um registro que brasileiros têm o direito de fazer nos Consulados. A partir desse registro, no caso de necessidade, os Consulados possuirão os dados da pessoa e poderão intervir.

A Matrícula Consular é gratuita e pode ser requisitada pelo correio ao Consulado pertencente a sua jurisdição. Até o momento da impressão deste Manual, de acordo com o Consulado de New York os documentos exigidos são:

• Formulário preenchido, o qual poderá ser retirado na sede do Consulado ou ser feita a impressão do formulário através do "website";

• Duas fotos 1.5 x 1.5 inches (3X4 cm); cópia das duas primeiras páginas do passaporte brasileiro válido, autenticadas perante notário público (Notary Public);

• Um envelope já selado endereçado a você mesmo para o envio da carteira de matrícula consular pelo correio.

Diferença Cultural: A carteira consular mexicana é utilizada como documento de identificação diante departamentos de polícia, para abrir contas bancárias, inscrições em bibliotecas públicas e em alguns Estados até para tirar carteira de motorista. Ao contrário da brasileira, a matrícula mexicana é impressa pela Casa da Moeda e tem um alto padrão.

5. Lista de Consulados brasileiros nos Estados Unidos

Até o fechamento deste Manual, as informações nos sites da Internet variavam de um Consulado brasileiro para outro. Nem todos os Consulados divulgam nos próprios sites os números telefônicos diretos do Serviço de Assistência a Brasileiros e do Plantão telefônico para casos emergenciais. Os dados abaixo foram divulgados pelo Ministério das Relações Exteriores (Itamaraty; site www.mre.gov.br).

Boston, Massachussets
Consulate General of Brazil
20 Park Plaza, Suite 810
Boston, MA 02116
Tel. (geral): 617-542-4000
Tel. (Cônsul geral): 617-542-4004
Fax: 617-542-4318
Plantão consular (BIP de emergência): (781) 671-7353
Site: www.consulatebrazil.org
E-mail: cgbos@consulatebrazil.org
Jurisdição: Massachusetts, Maine, New Hampshire, Rhode Island e Vermont
Atendimento público: 2a. a 6a. feira, das 9:00 às 15:00 h

Chicago, Ilinois
Consulate General of Brazil
401, North Michigan Ave., Suite 30-50
Chicago, Ilinois - 60611
Tel (geral): 312-464-0245
Tel. (Direto Cônsul geral): 312-464-0843
Fax: 312-464-0299
Serviço de assistência a brasileiros: (312) 464-08-42.
Plantão consular (somente para emergências): (312) 213-02 93.
Horário de funcionamento: 2ª a 6ª feira, das 9h às 13h.
Jurisdição: Illinois, Indiana, Iowa, Michigan, Minnesota, Missouri, Nebraska, North Dakota, South Dakota e Wisconsin
Todas as perguntas sobre documentos brasileiros como passaporte, procurações, registros, etc, devem ser enviadas pelo correio eletrônico brasileiros@brazilconsulatechicago.org.Perguntas feitas por telefone não

poderão ser respondidas por insuficiência financeira e de pessoal (até o momento da impressão deste Manual). Dúvidas sobre outros temas devem ser enviadas para o e-mail central@brazilconsulatechicago.org .

Houston, Texas
Consulate General of Brazil
Park Tower North
1233 West Loop South, Suite 1150
Houston, Texas - 77027
Tel: 713-961-3063 / 3064/ 3065
Fax: 713-961-3070
Site: www.brazilhouston.org
E-mail: consbras@brazilhouston.org (Informações Gerais)
Para o plantão consular, em casos emergenciais, o sistema é ativado quando o Consulado está fechado e a ligação é redirecionada para um telefone celular.
Em casos de prisão de brasileiro, a linha grátis de comunicação é 1-800-566-4815.
Jurisdição: Arkansas, Colorado, Kansas, Louisiana, Novo México, Oklahoma e Texas
Atendimento: das 9:00 horas às 17:00 horas, de segunda a sexta-feira, exceto feriados.
Setor de Assistência a Brasileiros: Recebimento/restituição de processos: das 9:00 horas às 17:00 horas
Setor de Vistos: Pedidos de visto: das 10:00 horas às 14:00 horas
Restituição de passaportes: das 16:00 horas às 17:00 horas
O Setor de Vistos atende consultas telefônicas somente das 9:00 horas às 12:00 horas
Setor de Legalização: Recebimento de documentos: das 9:00 horas às 17:00 horas
Restituição de documentos: das 9:00 horas às 17:00 horas

Los Angeles, Califórnia
Consulate General of Brazil
8484 Wilshire Boulevard, Suites 711-730
Beverly Hills, California - 90211
Tel. (geral): 323-651-2664
Tel. (Cônsul - Geral Adjunto): 323-651-0283
Fax: 323-651-1274
Site : www.brazilian-consulate.org
E-mails: consbrasla@earthlink.net (geral); brconsular@eartlink.net
Jurisdição: Estados do Arizona, Hawaii, Idaho, Montana, Nevada, Utah, Wyoming, e no Estado da California, os condados de Imperial, Kern, Los Angeles, Orange, Riverside, San Bernardino, San Diego, San Luis Obispo, Santa Barbara e Ventura.
O Consulado-Geral em Los Angeles está aberto das 9 às 17 horas, de segunda

a sexta-feira, sendo que:
De 9 às 13 horas: recebem-se requerimentos, documentos e outras solicitações de serviço.
De 15 às 17 horas: entregam-se vistos e outros documentos processados.
Plantão consular somente para casos de emergência: (213) 453-1084. Telefone operacional 24 horas por dia nos finais de semana e feriados, e, durante a semana, das 18:00 às 8:00 horas do dia seguinte. Assistência à brasileiros e estrangeiros em casos de comprovada emergência.

Miami, Flórida
Consulate General of Brazil
80 SW 8th Street - 26 andar
Miami, FL 33130-3004
Tel. (geral): 305-285-6200
Tel. (direto do chefe SECOM): 305-285-6217
Tel. (Plantão diplomático): 305-801-6201
Tel. (Plantão Administrativo): 305-801-6202
Fax: 305- 285-6232
Website: www.brazilmiami.org
E-mail: consbras@brazilmiami.org
Jurisdição: Alabama, Florida, Georgia, Mississipi, North Carolina, South Carolina, Tennessee, Puerto Rico, U.S. Virgin Islands e Bahamas.
Horário de atendimento ao público:
De segunda à sexta-feira das 10:00 às 16:00 horas.
Obs: Aplicações para vistos serão aceitas somente das 10:00 às 12:00 horas.
Passaportes com vistos estarão prontos, se aprovados, no próximo dia útil entre 15:00 e 16:00 horas.

Nova York, NY
Consulate General of Brazil
1185 Avenue of the Americas, 21st floor
New York, NY 10036-2601
Tel. (geral): 917-777-77 77
Tel. (Cônsul-Geral): 917-777-7674
Tel. (Cônsul-Geral): 917-777-7675
Tel. (Cônsul- Geral Adjunto): 917-777-7674
Tel. (Chefia do Setor Consular): 917-777-7671
Fax: 212-827-9225
Website: www.brazilny.org
E-mail: consulado@brazilny.org
Setor de Assistência a Brasileiros (somente para orientação): 917-777-7672, assisbr@brazilny.org
Plantão Consular (só para mortes, óbitos, acidentes e negação de visto de

entrada): os celulares são 917-417 8662 e 917-417 8097. Durante os dias úteis, o plantão funciona a partir das 18h e até às 9h da manhã. Das 9h às 18h, o Consulado pode ser contactado através da linha regular.
Jurisdição: Bermuda Islands, Connecticut, Delaware, Nova Jersey, Nova York e Pennsylvania
Atendimento a cidadãos brasileiros no balcão:
10:00h às 13:00h: Recebimento de formulários e documentos.
14:30h às 16:00h: Entrega de documentos
Obs.: O Consulado-Geral está habilitado a atender a todo momento, inclusive após o horário normal de expediente, casos de comprovada emergência que envolvam cidadãos brasileiros.

San Francisco, Califórnia
Consulate General of Brazil
300 Montgomery Street, Suite 1160
San Francisco, CA 94104
Tel. (geral): 415-981-8170
Tel. (plantão consular): 415- 596-6926
Fax: 415-981-3628
Site: www.brazilsf.org
E-mails:brazilsf@pacbell.net ; brazilsf@brazilsf.org (geral); consular@brazilsf.org (setor consular)
Jurisdição: Alaska, Estados do Oregon e Washington.
Os seguintes condados do Estado da California: condados de Alameda, Alpine, Amador, Butte, Calaveras, Colusa, Contra Costa, Del Norte, El Dorado, Fresno, Glenn, Humboldt, Inyo, Kings, Lake, Lassen, Ladera, Marin, Mariposa, Mendocino, Merced, Modoc, Mono, Monterey, Napa, Nevada, Placer, Plumas, Sacramento, San Benidito, San Francisco, San Joaquim, San Mateo, Santa Clara, Santa Cruz, Shasta, Sierra, Siskiyou, Solano, Sonoma, Stanislaus, Sutter, Tehama, Trinity, Tulare, Tuolumne, Yolo e Yuba.

Washington, DC
Brazilian Embassy
Consular Service
3009 Whitehaven Street, N.W.
Washington, DC 20008-3613
Tel: 202-238-2828
Fax: 202-238-2818
Plantão em casos emergenciais: 202 549-8010
Website: www.brasilemb.org
E-mail: consular@brasilemb.org
Jurisdição: District of Columbia, Kentucky, Ohio, Maryland, Virginia e West Virginia

Parte 11
Legalização

Capítulo 1 - Visto

O visto emitido no passaporte brasileiro pelo Consulado Americano somente permite que o portador chegue no porto de entrada em território americano e requeira a permanência. Isso quer dizer que muitas vezes nem todos aqueles que têm vistos conseguem entrar nos Estados Unidos. Quando é negada a entrada ao portador do visto, imediatamente este terá que retornar ao país de origem. Entre os diversos tipos de vistos, os mais usados são B-1 e B-2 (veja a seguir).

Para a concessão do tempo de estadia nos Estados Unidos, o portador do visto preenche o cartão branco chamado I-94, com os dados pessoais incluindo número de passaporte. O agente da imigração após conferir o visto e comumente perguntar o que essa pessoa veio fazer nos Estados Unidos, onde ficará e por quanto tempo, poderá fazer muitas outras perguntas, assim como pode também querer averiguar se as informações são corretas e verdadeiras. Caso concedida a permanência, o agente de Imigração carimba a data determinante do prazo de estadia no I-94. Este cartão branco recebido dentro do avião é de extrema importância e não deve ser perdido, pois deverá ser entregue quando sair dos Estados Unidos ou usado para transferir para outro tipo de visto, solicitação de extensão de permanência, etc.

Alguns tipos de vistos

• B1 (Negócios): realizações de negócios, participação de feiras, congressos e conferências.
• B2 (Turismo): turismo, visita aos familiares ou amigos.
• C1 (Trânsito): conexão para outros países via Estados Unidos.
• F-1 (Estudante): estudos.
• H-1B (Trabalho): posições profissionais
• I (Representantes de meios de comunicação): representante de imprensa, rádio, cinema ou outros meios de comunicação.
• J1 (Intercâmbio): programa de intercâmbio profissional.
• M1 (Estudante Vocacional): programa de estudo vocacional.
• R (Religiosos profissionais): desempenho de trabalho religioso.

Prolongação de permanência

Para se manter legal no país é importante agir de acordo com as especificações do seu visto, além de não permanecer em território americano sem a prolongação da permanência concedida antes do vencimento.

O prolongamento da permanência com antecedência é feito pelo correio diretamente com a Imigração desde que preenchido os devidos formulários e pagas as taxas requeridas. A resposta nunca é imediata, mas a Imigração emite recibos de solicitação para todos os pedidos que recebe.

Cada solicitação, de acordo com o tipo de visto, possui suas próprias justificativas e formas de comprovação como cartas de recomendação de pessoas idôneas naturais, naturalizadas ou residentes legais no país.

Pode-se somente mudar de um tipo de visto para outro (exemplo turista para estudante) aqueles que não tiveram o prazo da permanência expirado.

Olho vivo! Quem ultrapassou o tempo legal carimbado no I-94, e vai ao Brasil, tentando, em seguida regressar aos Estados Unidos, corre o risco de ser barrado no aeroporto e mandado de volta ao país de origem.

Pessoas que permanecem fora do status imigratório por mais de seis meses e menos de um ano, por lei não podem voltar aos Estados Unidos por três anos. Quando isso ocorre por mais de um ano, esse prazo passa para dez anos.

Capítulo 2 - Asilo

Nos Estados Unidos há diferentes formas de asilo, sendo que o asilo político é caracterizado por perseguição com risco de vida devido a opinião ou postura política de alguém num determinado país. O asilo por razões humanitárias pode se dar por: casos de doenças, quando há possibilidade de cura ou tratamento nos Estados Unidos; perseguições a pessoas pertencentes a determinados grupos. Este pode ser exemplificado pela situação dos chineses católicos, que são forçados a terem somente um filho na China e terem que fazer esterilização ou usarem métodos anticoncepcionais que são contra a religião. Também nesse caso, incluem-se os asilos como categoria especial desde o governo Clinton. Há pessoas que são gays, lésbicas e perseguidos por causa da orientação sexual.

Para solicitar o asilo: a entrada para o pedido tem que ser dada antes da pessoa completar um ano nos Estados Unidos, mesmo que tenha expirado o prazo de permanência do visto.

Antes de optar pelo asilo, a pessoa deve analisar muito se quer mesmo dar entrada no pedido. O solicitante terá que declarar e jurar sob pena de lei que possui razões consistentes para obtê-lo. Ter o asilo também não quer dizer que a pessoa poderá sair dos Estados Unidos de imediato. Há atualmente uma cota de dez mil greens cards por ano para asilados e existem mais de 28 mil pessoas esperando para obterem esses greens cards. Isso significa que muitos podem ter que esperar até 15 anos para obterem o green card.

Enquanto o asilado não receber o green card, não poderá sair dos Estados Unidos ou retornar ao país de origem.

Várias organizações como a American Friends Service Committee (www.afsc.org), uma organização religiosa pacifista americana (Quakers), oferecem atendimento gratuito ou cobram valores simbólicos.

HIV e Imigração para os Estados Unidos

Pessoas com HIV e/ou AIDS são discriminadas para imigrarem para os Estados Unidos e atualmente existem somente duas maneiras de um portador de HIV conseguir a residência permanente, sendo por:

Asilo: a pessoa com HIV pode requerer asilo e este poderá ser concedido caso houver razões humanitárias que o justifiquem. Isto pode incluir além da inexistência ou inadequação de tratamento, a perseguição no país de origem do requerente por causa de sua raça, religião, nacionalidade, participação em um determinado grupo social ou opinião política. A solicitação de asilo tem de ser feita dentro de um ano da chegada do solicitante nos Estados Unidos. Embora muitos casos de solicitação de asilo tenham sido concedidos a brasileiros, este processo não é simples. Quando a solicitação de asilo não é concedida, começa o processo de remoção (removal proceedings), ou seja, deportação.

Petição familiar: mesmo se a lei impede uma pessoa portadora de HIV de entrar legalmente ou de solicitar visto de imigração para os Estados Unidos, o portador/a pode solicitar uma permissão (waiver) caso este possua uma pessoa considerada da família imediata, seja pai, mãe, filhos ou esposo/a, que esteja nos Estados Unidos. O portador também deverá ter seguro de saúde privado.

É importante notar que mesmo se um/a portador/a de HIV ganhar a DV Lottery ou Loteria do Green Card, esta pessoa necessitará da permissão (waiver) da Petição Familiar. No caso de o/a portador/a de HIV já estar aqui nos Estados Unidos por mais de dez anos, ter bons antecedentes e família nos Estados Unidos, esta pessoa poderá solicitar o cancelamento de remoção de deportação (cancelation removal). Todavia, esta requisição não é fácil de obter.

Vale lembrar que nem todos advogados, mesmo quando cuidam de casos de imigração para brasileiros, possuem experiência necessária em casos que envolvem HIV/AIDS. Nos Estados Unidos existem várias organizações de apoio e suporte a pessoas soropositivas, que oferecem serviços legais aos imigrantes gratuitamente.Você pode entrar em contato com o Brazilian Rainbow Group (BRG) para saber qual organização poderá lhe ajudar ou prestar mais esclarecimentos. O telefone do BRG é 212-367-1471. A sede do BRG está localizada no número 119 West 24th Street, 6th Floor, em New York (NY). Website: www.brgny.org . E-Mail: BRG@gmhc.org

Algumas Associações que prestam serviços para casos de pedido de asilo

• Association of the Bar of the city of New York
  42 West 44th Street, New York, NY 10036
  212-382-6629
  Idioma: inglês, espanhol
  Limita-se a atender pedidos de asilo para casos de mulheres que sofreram violência doméstica.

• Caribbean Women's Health Association Immigrant Service Center
  123 Linden Blvd, Brooklyn,NY 11226
  718-826-2942
  Idioma: inglês, espanhol, francês, creole
  Pode cobrar valor simbólico

• Catholic Charities Archdiocese of New York Office of Immigrant Services
  1011 First Ave., 12 th Floor, New York,NY 10022
  212-371-1000 ext.2260/ 212-371-1011 ext.2260
  Idiomas: inglês, português, espanhol, creole, koreano, francês etc.

•Catholic Legal Immigration Network, Inc.
1011 First Ave., Room 1285
New York, NY 10022
212-826-6251
Idioma: inglês, português, espanhol, francês, italiano,
Pode cobrar valor simbólico
• Central American Legal Assistance
240 Hooper Street
Brooklyn, NY 11211
718-486-6800
Idioma: inglês, espanhol

• Comite Nuestra Senora de Loreto Sobre Asuntos de Inmigracion
856 Pacific Street
Brooklyn, NY 11238-3142
718-783-4500
Idioma: inglês, espanhol, italiano, francês

• Gay Men's Health Crisis, Inc.
119 West 24th Street
New York, NY 10011
212-367-1040
Idioma: inglês, espanhol
Limita-se a atender pedidos de asilo para casos de pessoas com HIV ou soropostivos.

Capítulo 3 - Loteria do Green Card

A loteria do Green Card é um sorteio também conhecido como Diversity Visa (DV).

A inscrição para o sorteio é aconselhável para quem está no Brasil e pensa em viver nos Estados Unidos ou para quem já está nos Estados Unidos em meio a um processo imigratório, como contrato de trabalho, visto de estudante ou casamento.

As aplicações são gratuitas e passaram a ser realizadas eletronicamente desde 2003, através do site www.dvlottery.state.gov O sistema notifica automaticamente quando algum dos itens preenchidos não estão de acordo com as especificações.

O prazo para envio das aplicações via internet geralmente começa no segundo semestre do ano. Comece a providenciar a documentação necessária preferencialmente com um mês de antecedência.

O auxílio para o preenchimento dos formulários pode ser encontrado em alguns centros comunitários. Também se pode contratar o serviço de uma agência.

Antes de optar pelo serviço de agentes ou despachantes, compare os preços e preste sempre a atenção, porque a aplicação é gratuita pelo site da loteria. Muita gente paga preços exorbitantes para outros preencherem seus documentos sem nenhuma garantia que irão fazer um serviço decente.

As regras de preenchimento são minuciosas. São 19 páginas com instruções do Departamento do Estado Americano.

Diferença cultural: As datas, por exemplo, têm que seguir o padrão norte-americano (mês/dia/ano), diferente do brasileiro (dia/mês/ano). É preciso estar atento para mínimos detalhes como o preenchimento do nome (tem que ser completo e não colocar somente o primeiro e último nome).

Candidatos que vivem separados, porém ainda sem o divórcio oficial, terão que indicar o nome do marido/esposa. Todos os nomes e fotos dos filhos, se menores de 21 anos e solteiros, devem constar no formulário eletrônico.

Quem fizer a aplicação duas vezes, mesmo se em locais diferentes, será desclassificado.

Respeite as especificações eletrônicas com relação aos padrões da foto.

Os resultados do sorteio geralmente são divulgados entre maio e julho do ano seguinte. Os contemplados são informados por carta ao seu endereço. Os não sorteados não são informados.

Geralmente o contemplado dever submeter outros documentos até o dia 30 de setembro do ano seguinte da aplicação para finalmente tentar obter sua permissão de residência e trabalho no país. Depois de cinco anos vivendo nos Estados Unidos, poderá aplicar para naturalizar-se e obter a cidadania americana.

Olho Vivo: imigrantes ilegais nos EUA por mais de seis meses que se inscrevem na loteria do green card devem estar conscientes dos riscos caso forem sorteados e ainda o fato de ter que deixar o país para realizar entrevista no Consulado americano no Brasil. Se a pessoa mentiu na aplicação indicando que esteve no Brasil o tempo todo e o funcionário consular descobre a verdade, ele poderá barrá-la, tanto quanto na obtenção do green card como no retorno para os EUA. Quem ficou ilegal acima de seis meses não poderá voltar por três anos; ou 10 anos para casos acima de um ano.

Capítulo 4 - Cidadania americana

Além do direito de votar, cidadãos tem várias vantagens junto ao governo, entre elas: permanecer em país estrangeiro por tempo indeterminado; trazer parentes próximos para os Estados Unidos e requisitar a residência permanente (green card) para eles; viver no estrangeiro ou no Brasil e receber a aposentadoria integral.

Cidadãos americanos não precisam abandonar a cidadania brasileira ou estrangeira.

Para se tornar cidadão é preciso ter no mínimo 18 anos de idade e ter vivido nos Estados Unidos como residente legal permanente por pelo menos cinco anos contínuos. Caso tenha se casado com pessoa cidadã, a residência permanente contínua deverá ser de pelo menos três anos.

Imigrantes que desejam se tornar cidadãos americanos, são submetidos a testes com prova oral, escrita e entrevista. Há uma lista com 100 questões para estudar, que pode facilitar para o dia do teste quando terá que responder perguntas cívicas, culturais e históricas sobre os Estados Unidos. Como parte do teste da língua inglesa, poderá ter que escrever algumas frases.

De acordo com a lei, é necessário que o candidato fale inglês, mas há muitos imigrantes que passaram no teste sem dominar o idioma completamente.

Aconselha-se que o candidato comece a estudar com bastante antecedência, procurando a ajuda de professores experientes, através de instituições que oferecem aulas preparatórias não somente para a prova oral e escrita, mas fundamentalmente sobre as posturas adequadas a assumir durante o teste.

É importante começar a se preparar logo após a inscrição e não após o recebimento da carta marcando a data com poucos dias de antecedência do teste. Entre a data da inscrição até o dia do teste poderá haver um espaço de tempo de quase um ano, sendo que entre a data marcada e o dia do teste poderá levar de algumas semanas a alguns meses.

USCIS (United States Citizenship and Immigration Services)

http://uscis.gov : substituiu o antigo INS (Immigration and Naturalization Services) do Justice Department (Ministério da Justiça).

1.Primeira Etapa

Solicite envio gratuito pelo correio do formulário Form N-400 - Application for Naturalization; contendo as 10 páginas para a aplicação, com instruções; exemplos de questões para o teste; instruções para a realização da impressão digital (fingerprinting); etc. A solicitação pode ser feita através do site www.bcis.gov (Bureau of Citizenship and Immigration Service), ou pelo telefone 1-800-870 3676 em inglês ou espanhol.

Idosos com problemas de saúde, pessoas com problemas de memorização ou outros que podem prejudicar o estudo para o teste, têm a opção de solicitar o formulário Form N-648 (Medical Certification for Disability Exceptions), o qual deve ser preenchido por um médico que especificará o tipo do problema (físico ou mental) do candidato.

Idosos com mais de 65 anos de idade e pessoas com Green Card por mais de 20 anos poderão fazer um teste mais simplificado e na língua materna.

As perguntas pessoais são realizadas com o objetivo de verificação se o endereço do candidato realmente é o atual, principalmente devido ao longo período entre a inscrição e realização do teste. As respostas do candidato não podem contrariar o que foi respondido no formulário.

Olho vivo! Solicite cópia de todos os documentos e formulários enviados quando contratar serviços de advogados ou terceiros.

2. No dia do teste

Chegue meia hora antes do horário marcado. Se não estiver familiarizado com a zona da cidade onde o teste deverá ser feito, evite a correria e o nervosismo de última hora, indo até o local antecipadamente para encontrar o caminho.

Vista-se como se estivesse indo para uma entrevista de trabalho. Traje recomendado: social. Homens: calça e camisa de manga comprida. Mulheres: saia e blusa social.

Na sala de espera, o candidato poderá estar sendo observado. Não leve as perguntas do formulário para ler. Leve somente a documentação necessária, organizada dentro de uma pastinha.

Quando for chamado para a entrevista, apresente-se. Permaneça de pé. Sente-se somente quando solicitado e agradeça com um simples thank you (obrigado). A postura contará muito no dia do teste e pequenos detalhes como esses não constam no formulário.

Assim que chegar para fazer a entrevista, ainda de pé será pedido que estenda a mão direita para fazer o juramento. Você ouvirá a frase: Please, remain standing and raise your right hand.

3. Sobre a entrevista

Seguem abaixo as perguntas da entrevista:

- Do you promise to tell the truth, all the truth, and nothing but the truth? (Você promete dizer a verdade, toda a verdade e nada além da verdade?). A resposta deve ser: I do (Prometo).
- Do you swear that all the documentation you have previously submitted and the one you have brought with you today are true? (Você promete que todos os documentos enviados e os que você trouxe hoje são verdadeiros?). Resposta: I do.
- Do you know what an Oath is? (Você sabe o que é um juramento?). Resposta: Yes, it is a promise to tell the truth (Sim, é uma promessa de dizer a verdade).
- Why do you want to be an American citizen? (Porque você quer se tornar cidadão americano?). Resposta: (observação: podem ser dadas várias respostas, mas a que causa melhor impressão é sempre: Because I want to have the right to vote (Porque quero ter o direito de votar).

Na seqüência, o entrevistador avisará que dará início às perguntas pessoais sobre o formulário. Perguntará sobre o endereço atual e número de vezes que entrou e saiu do país.

O entrevistador poderá improvisar perguntas corriqueiras como:

- How did you come to this interview? (Como você veio para a entrevista?). Tipos de resposta: I drove; ou by bus; ou by taxi (Dirigindo; ou, de ônibus; ou, de táxi).
- How did you come to America? (De que maneira você veio para os Estados Unidos?). Resposta: by plane (de avião)
- What was your port of entry? (Qual foi seu porto de entrada?) Resposta: New York City, New York (diga a cidade e o Estado, nunca o nome do aeroporto).

Durante toda a entrevista, responda olhando nos olhos do entrevistador. É uma forma de demonstrar segurança e que está falando a verdade. Mantenha equilíbro no tom de voz, sem subir ou descer a entonação, para não ser mal interpretado ou tido como ousado.

Perguntas cívicas e históricas referentes às 100 questões: o número de perguntas varia de um candidato para outro, mas geralmente vai de 3 à 10. O candidato não a tem obrigação de acertar todas, mas deverá saber a resposta de ao menos algumas. Sempre que não entender, poderá pedir para que repitam a pegunta, mesmo porque muitas vezes os entrevistadores são estrangeiros naturalizados americanos, às vezes com forte sotaque.

Jamais se precipite em responder antes do entrevistador terminar a pergunta.

Quando não lembrar a resposta logo de imediato, não fique pensando alto ou balbuciando a resposta. Conte cinco segundos e não diga nada. Ao pensar mantenha-se em silêncio. Dessa forma, estará demonstrando segurança.

Teste de inglês: poderá ditar ou pedir para o candidato escrever uma frase qualquer em inglês. O número de frases geralmente pode variar de uma até cinco. A caligrafia deverá ser legível, as frases pontuadas corretamente, iniciadas com letra maiúscula.

Quem for reprovado em uma das provas (oral ou escrita), terá uma segunda chance sem ter que pagar nada. Poderá voltar após três meses no mínimo (de acordo com a média) para fazer o teste novamente, em data marcada na hora pelo próprio entrevistador ou mais tarde, por carta.

3. A - Exemplo das perguntas feitas durante um teste de cidadania

1) Who makes the Federal Laws in the United States? (Quem faz as leis federais dos Estados Unidos?)
Resp: The Congress. (O Congresso)
2) Who was the President during the civil war? (Quem foi o Presidente durante a Guerra Civil?)
Resp: Abraham Lincoln.
3) When was the Declaration of Independence adopted? (Quando foi adotada a Declaração da Independência?)
Resp: July 04, 1776. (4 de julho de 1776)
4) What is the Highest Court in the United States? (Qual é o Tribunal mais importante dos Estados Unidos?)
Resp: The Supreme Court. (O Supremo Tribunal Federal)
5) What is the most important right granted to United States citizens? (Qual é o mais importante direito do cidadão americano?)
R: The right to vote. (O direito de votar).

Na parte escrita, foi pedido para um candidato escrever a seguinte frase: All people like to travel. (Todo mundo gosta de viajar).

4. Juramento

Ao ser aprovado nos testes, deverá assinar o documento de cidadania. Após isso, será marcado o juramento (Swearing in Cerimony), realizado com várias pessoas juntas. Juntamente com um grupo, o cidadão pronunciará o seguinte juramento de fidelidade conhecido como Oath of Alegiance:

Oath of Allegiance

"I hereby declare, on oath,that I absolutely and entirely renounce and abjure all alliance and fidelity to any foreign prince, potentate, state, or sovereignty, of whom or which I have heretofore been a subject or citizen; that   I will support and defend the Constitution and laws of the United States of America against all enemies, foreign and domestic; that I will bear true faith and allegiance to the same; that I will bear arms on behalf of the United States when required by the law; that I will perform noncombatant service in the Armed Forces of the United States when required by the law; that I will perform work of national importance under civilian direction when required by the law; and that I take this obligation freely, without any mental reservation or purpose of evasion; so help me God".

Juramento de Fidelidade

"Declaro sob juramento, que eu, absoluta e inteiramente renuncio e abjudo toda aliança e fidelidade a qualquer poder estrangeiro,   potentado, Estado, ou soberania ao qual tenho sido até o presente sido sujeito ou cidadão; que darei meu suporte e defenderei a Constituição e as leis dos Estados Unidos da América contra todos os seus inimigos, estrangeiros e domésticos; que darei fé legítima e fidelidade aos mesmos; que prestarei serviço militar a favor dos Estados Unidos conforme requerido pela lei, que prestarei serviço civil nas Forças Armadas dos Estados Unidos conforme requerido pela lei, que prestarei serviço de importância nacional sob supervisão civil conforme requerido pela lei, e que assumirei livremente tal obrigação, sem quaisquer reservas mentais ou propósitos de evasão; com a ajuda de Deus".

Olho vivo: para quem possui green card: Todo estrangeiro legalizado no país precisa notificar a imigração toda vez que muda de endereço, até dez dias após a mudança. O local dado como endereço da declaração de imposto de renda geralmente é a residência permanente. A pessoa pode fazer essa mudança pelo correio, desde que obtenha o formulário pela Internet no site do serviço de cidadania e imigração U.S. Citizenship and Immigration Services - USCIS (http://uscis.gov)

Capítulo 5 - Deportação

Muitos imigrantes convivem diariamente com o medo da deportação. Apesar disso, mais do que o próprio medo existe muita desinformação sobre como ocorre a deportação.

Quando o imigrante é pego pela imigração, na maioiria das vezes por causa da expiração do visto de permanência no país, há leis que impedem que a deportação aconteça de forma imediata. O processo geralmente ocorre da seguinte forma:

O imigrante pode ficar detido durante algumas horas enquanto a Imigração vai checar as informações sobre a pessoa. O imigrante é fichado e possui alguns direitos como dar um telefonema para o advogado ou mesmo entrar em contato com o Consulado. O imigrante também não pode passar fome e a Imigração tem que entregar uma lista de endereços de associações que disponibilizam serviços gratuitos de advocacia. Por outro lado, é dever do imigrante falar a verdade. Mentir ao dar o nome ou outras informações são fatos que serão considerados como violações.

Após a liberação, dentro de alguns dias o imigrante deverá receber uma carta em casa onde constará a data marcada para ver o Juiz.

Durante o processo, as autoridades terão que provar que o imigrante violou a lei e encontrar justificativas para deportá-lo.

O processo de deportação pode ser agilizado quando o imigrante tem antecedentes criminais.

No caso de imigrantes envolvidos em crimes, a lei americana determina que terão que cumprir a pena nos Estados Unidos e somente após isso deverá ser deportado. Em alguns casos, autoridades brasileiras poderão interceder para que a deportação ocorra antes do cumprimento da pena.

As leis brasileiras impedem que o cidadão brasileiro seja transportado para o Brasil como "carga". Para a própria proteção dos brasileiros, a deportação deve ser feita através de vôo doméstico de passageiros. O deportado deverá arcar com os custos da passagem aérea. Isso não é da responsabilidade do governo americano ou brasileiro.

Formas legais de evitar deportação

Quando o juiz toma conhecimento de que o imigrante está ilegal nos Estados Unidos, nem sempre o estrangeiro será deportado. A lei do United States Congress, conhecida como The Immigration and Nationality Act (INA), dá a oportunidade ao estrangeiro recorrer legalmente para evitar a deportação. Estes recursos são:

• Permissões de exclusão e deportação - waivers of excludability and deportability
• Cancelamento de remoção para residentes permanentes - cancellation of removal for permanent residents
• Cancelamento de remoção para residentes não-permanentes - cancellation of removal for non-permanent residents
• Suspensão de deportação - suspension of deportation

• Ajuste de status para residência permanente - adjustment of status to permanent residence
• Asilo e retenimento da deportação - asylum and withholding of deportation
• Registro - Registry
• Partida voluntária - voluntary departure

Permissões

A qualificação para a solicitação de permissões de exclusão depende da habilidade do estrangeiro estabelecer extrema vicissitude ou tribulação (dificuldade) para si e para a sua família próxima (cônjuge, pais ou filhos), quando estes são residentes legais ou cidadãos, no caso do estrangeiro for expulso dos Estados Unidos.

Cancelamento de remoção

No INA §240(a) permite que o Attorney General (Ministro de Justiça) - geralmente um juiz da imigração ou do painel de apelos, cancele a remoção de um residente permanente legal dos Estados Unidos caso o estrangeiro:
• Tenha sido um residente legal permanente pelo mínimo de 5 anos
• Tenha residido continuamente pelo mínimo de sete anos após ter sido admitido nos Estados Unidos, antes do processo de deportação ter sido iniciado, sob qualquer status imigratório
• Não tenha sido condenado por crime grave (aggravated felony)
• Não seja um risco para a segurança nacional dos Estados Unidos

São fatores positivos na solicitação do cancelamento de remoção o estrangeiro que nos Estados Unidos:

• Possui laços familiares
• Possui tempo prolongado de residência
• Causará tribulação (extrema dificuldade) à família
• Serviu nas Forças Armadas Americanas
• Tem histórico de trabalho
• Possui vínculos de propriedade ou negócios
• Realizou serviço comunitário
• Reabilitou-se (no caso de antecedentes criminais)
• Tem bom caráter (moral)

São fatores negativos na solicitação do cancelamento de remoção o estrangeiro que nos Estados Unidos tiver:
• Certas circunstâncias agravantes
• Outras violações contra as leis de imigração
• Antecedentes criminais
• Evidências de mau caráter

Para o cancelamento de remoção não qualificam as seguintes pessoas:

• Marujos
• Admitidos com o visto "J" e que receberam treinamento médico nos Estados Unidos
• Que perseguiram outras pessoas
• Que receberam o cancelamento de remoção ou suspensão de deportação
• Que cometeram certas ofensas criminais antes da soma dos requeridos sete anos de residência

Cancelamento de remoção para residentes não-permanentes

No INA §240(b) permite que o Attorney General (Ministro de Justiça) - geralmente um juiz da imigração ou do painel de apelos, cancele a remoção de um residente não-permanente dos Estados Unidos caso o estrangeiro:
• Esteja presente nos Estados Unidos por um período contínuo de 10 anos, antes do começo dos procedimentos de remoção (este requerimento não aplica-se para pessoas que serviram por um mínimo de 24 meses nas Forças Armadas Americanas e estiverem presentes nos Estados Unidos durante o alistamento). O tempo contínuo nos Estados Unidos significa que a pessoa não poderá estar fora dos Estados Unidos por mais de 90 dias, por vez, ou por mais de 180 dias, agregados num período de 10 meses.
• Possa estabelecer que possui bom caráter por 10 anos.

Não são considerados os estrangeiros que estiverem nas provisões §212(a) (2) ou (3) (por razões de segurança nacional ou crime) ou deportáveis dentro do §237(a)(1)(G) (fraude de casamento), (2) (razões criminais) , (3) (não registro ou falsificação de documentos) ou (4) (razões relacionadas a segurança nacional).
Para vítimas de abuso, cônjuges ou filhos, existem regras especiais que se aplicam para o cancelamento de remoção.
Somente 4.000 pessoas por ano poderão ser consideradas para o cancelamento.

Suspensão de deportação

Todo processo de expulsão iniciado em ou depois de 1 de abril de 1997 é geralmente um procedimento de remoção em vez de deportações ou exclusões (deportation or exclusion proceedings). Portanto todas as pessoas em processo de deportação antes de 1 de Abril de 1997 podem solicitar suspensão de deportação e aplicar para residência permanente desde que:

* Esteja presente fisicamente nos Estados Unidos, continuamente, por pelo menos sete anos. Ausências deverão ser "breves, casuais e inocentes" (brief, casual and innocent).
* Possua bom caráter
* Seja estabelecido que a deportação causará extrema vicissitude ou tribulação para si e para a sua família próxima (cônjuge, pais ou filhos) quando estes são residentes legais ou cidadãos.

Ajuste de status para residência permanente

Um estrangeiro em estado de deportação cujo os pais, cônjuge, viúva (o) ou filhos sejam cidadãos americanos, poderá qualificar para aplicar, junto ao Juiz, para ajustar seu status imigratório para o de Residente Legal Permanente.

Asilo e mantenimento da deportação

Desde que apliquem, antes de um ano, a partir da data de chegada nos Estados Unidos, as solicitações de asilo podem ser feitas por aqueles que possuem razões consistentes de perseguição baseadas em:

* Opinião política
* Crença religiosa
* Nacionalidade
* Raça
* Associação a um determinado grupo

Depois que a pessoa receber o asilo, esta poderá solicitar a residência permanente (Green Card).

O asilo e o retenimento da deportação (Withholding of Deportation) diferem em dois aspectos, sendo que o retenimento da deportação:

* Não permite que o estrangeiro aplique para a residência permanente
* Somente proíbe o USICS (imigração) de deportar o estrangeiro para um país em particular

Registro

Registro é outra forma de adquirir o status de Residente Legal Permanente. É permitido para estrangeiros que continuamente viveram nos Estados Unidos desde antes de 1 de Janeiro de 1972, além de terem que ser pessoas de bom caráter também não poderão estar em processo de deportação por razões graves.

Partida voluntária

Quando não existem outras formas de evitar a deportação, a maioria de estrangeiros qualificam e podem requisitar por partida voluntária (Voluntary Departure) dos Estados Unidos. Isto poderá evitar certos impedimentos legais para retornar aos Estados Unidos assim como o estigma imposto da deportação. Qualificam para solicitar a partida voluntária o estrangeiro que:

• Não está sendo deportado por razões graves
• Possui meios de pagar a passagem de retorno
• Concorda em partir, de acordo com a data estipulada pelo Juiz (da imigração)
• Pode estabelecer bom caráter moral durante os últimos cinco anos

Olho Vivo: Todas as formas de evitar a deportação, exceto o "retenimento da deportação" (Withholding of Deportation) poderão ser concedidas conforme à discrição do Juiz da Imigração. Todas as ordens finais do Juiz poderão ser apeladas junto ao Painel de Apelos da Imigração e em certos casos ao Tribunal Federal de Apelos (U.S. Court of Appeals).

Capítulo 6 - Direitos e processo

Nos Estados Unidos, o status imigratório das pessoas não impede que elas movam ação judicial. Se a pessoa sofre alguma lesão, pessoal, física ou psicológica, tem o direito de pedir reparo pelos danos na Justiça, mesmo que seja contra o governo.

Advogados inescrupulosos

Há certos advogados que enganam imigrantes com papéis falsos e documentos fraudulentos, etc. É obrigação do contratante saber se o advogado é legítimo e está trabalhando segundo suas necessidades, assim como de acordo com a lei. Principalmente em casos de imigração, alegar inocência por desconhecer a lei não é aceitável como justificativa de defesa.

Tipos de fraude:

- Promessas falsas; venda de documentos falsos, como permissão de trabalho, social security ou de green card.
- Casos mal preparados ou mal elaborados. Preste atenção quando o advogado promete facilitar o pagamento e parcelar o seu caso na imigração, porque a imigração nunca parcela os valores cobrados.

- O uso de documentos falsos é uma das formas mais comuns de fraudes entre os imigrantes. Pessoas que utilizam documentos falsos estão sujeitas a serem processadas por fraude e perjúrio.
- Consequências da fraude: possível multa, deportação e/ou outras graves penalidades por parte do Serviço de Imigração e Naturalização.

Se você for vítima de fraude:

• Não tenha medo. Busque representação legal. Há organismos de fiscalização para advogados que agem de má fé.
• Se possível, faça queixa na Imigração.
• Inicie um processo contra a pessoa que cometeu a fraude em um Tribunal Civil.
• É possível fazer uma queixa na procuradoria geral do Estado, a qual iniciará um caso criminal de fraude.

Licença para advogar

The Bar Association - BA, é a associação dos advogados e corresponde à Ordem dos Advogados do Brasil - OAB. Advogados que não são membros dessa associação no Estado onde atuam não podem exercer a profissão. Certos advogados brasileiros não associados podem atuar apenas como Foreign Legal Consultants, licença especial para advogados estrangeiros como consultores de pessoas no exterior com relação a lei brasileira. Essa licença não autoriza o advogado a representar ninguém diante de um juiz num tribunal. Para verificar se um advogado é mesmo licenciado entre em contato com o Bar Association mais próximo. Na cidade de New York o site é www.nysba.org

Catholic Charities

Oferece vários serviços relacionados à imigração, principalmente para pessoas com poucas condições financeiras. Também oferece cursos para a obtenção da cidadania a quem já tem green card há anos, além de diversos tipos de assistência para asilados. Para saber mais consulte o site www.catholiccharitiesusa.org

Capítulo 7 - Viagens

1. Documentos para viajar nos Estados Unidos

Desde o atentado de 11 de setembro, as companhias aéreas ficaram mais rígidas quanto ao sistema de segurança. Isso vale para os próprios americanos e até autoridades. Um caso bem notório nos Estados Unidos aconteceu quando o Senador do Estado de Massachussets Ted Kennedy, (irmão do falecido presidente John F. Kennedy), foi impedido de embarcar num vôo para Washington-DC. O nome do Senador encontrava-se na lista "negra" ou de nomes suspeitos, possivelmente usado de forma indevida por terceiros.

Para vôos domésticos é necessária a apresentação de identidade com foto.

Certos Estados, principalmente aqueles que fazem fronteira com o México ou Canadá, próximos as áreas de fronteira, possuem border patrol officers, policiais de fronteira que patrulham as estradas e podem parar qualquer veículo e exigir documentos que comprovem que os ocupantes são cidadãos americanos ou estejam no país legalmente.

2. Entrada ilegal

A entrada nos Estados Unidos através da travessia ilegal pela fronteira mexicana ou canadense pode apresentar inúmeros riscos e muitas vezes constituir num processo traumático e doloroso.

Os custos da entrada pelo México são altíssimos. Além do pagamento inicial feito no Brasil, a pessoa tem que dar muita propina (gorjeta) durante diferentes

passagens da travessia. Muita gente que chegou com dívidas grandes nos Estados Unidos teve que trabalhar durante muito tempo para conseguir quitar tudo.

A quadrilha de coiotes (pessoas que transportam ilegalmente os imigrantes), muitas vezes pode tentar chantagear os familiares para conseguir obter mais dinheiro. Também há casos que a pessoa assina várias notas promissórias no Brasil, empenhora bens, a família passa a ser vigiada como refém, etc.

Há vários casos de mullheres que foram violentadas e abusadas sexualmente por coiotes durante a travessia.

Os coiotes não são confiáveis e muitas vezes abandonaram os imigrantes no meio do caminho.

A viagem toda leva dias e é muito cansativa. Dependendo da situação, nem sempre os locais de repouso oferecem qualquer conforto. Geralmente os coiotes colocam grupos grandes em cômodos pequenos.

Algumas pessoas têm que pagar valores altos para poder comer. Há imigrantes que passaram dias sem comida ou bebida e sem acesso a condições básicas de higiene.

Muitos não suportaram a dificuldade da travessia a pé pelo deserto e morreram desidratados, outros, atravessando em furgões fechados foram asfixiados.

Todo imigrante que tenta chegar nos Estados Unidos pela fronteira do México ou canadense se arrisca a ser detido pela imigração.

Para ser colocado em liberdade, muitas vezes terá que aguardar na prisão a ordem de deportação ou a fiança para esperar audiência estipulada por um juiz de imigração.

Parte 12
Miscelânea

Garçom e bebidas alcoólicas

Toda pessoa trabalhando de garçom deverá questionar se o restaurante onde trabalha tem licença para vender bebida de teor alcoólico (liquor license).

Se no dia da inspeção, o responsável pelo restaurante estiver ausente, aquele que for flagrado vendendo bebida alcoólica num estabelecimento sem autorização, poderá ser preso.

Se o funcionário que estiver servindo as bebidas perceber que o cliente se encontra em estado de embriaguez, terá a opção de recusar-se a servir outros tragos. Também é de direito do proprietário do estabelecimento vender ou não bebidas alcoólicas a qualquer pessoa, mesmo que não esteja embriagada.

Se o cliente deixar o estabelecimento embriagado e se envolver em algum incidente, o profissional ou o restaurante poderão ser responsabilizados e/ou poderão ter de responder na justiça.

Dependendo da cidade ou do Estado, certos estabelecimentos devem exigir de seus funcionários curso de treinamento sobre como misturar bebidas. Após o curso, se tornam credenciados e recebem certificado de bartender (no Brasil conhecido como barman).

Nos Estados Unidos é proibido consumir bebida alcoólica em lugares públicos, seja na praia ou na rua. Todas as garrafas ou latas devem ser embaladas de forma a não ficarem expostas ao público, razão pela qual cerveja vendida a granel vem sempre protegida por saquinho de papel.

É proibido vender cigarros ou bebidas alcoólicas para menores de idade. Peça um documento de identidade quando necessário.

Telefones básicos

No país todo, para conseguir informações sobre números telefônicos pode-se ligar para o 411. Será necessário informar o nome exato da empresa ou pessoa que se deseja contactar.

A cidade de New York dispõe do número telefônico 311 para tirar dúvidas e informar sobre serviços sociais, governamentais etc. Também pode servir para receber reclamações. Há atendimento em espanhol.

Curiosidade: em todo país, após instalação da linha telefônica, recebe-se uma lista telefônica. Esta contém informações abrangentes, incluindo até mesmo mapa de numeração das cadeiras de grandes teatros, Estádios de futebol, além de mapas da cidade, linhas do metrô, etc.

Recreação

Parques americanos: o fato dos parques (urbanos ou não) não serem cercados nem terem portões, não significa que não tenham hora para fechar. Muitos fecham ao entardecer, outros mais tarde. Fique atento aos horários. Se alguém permanecer no parque durante horário não permitido, poderá ser multado.

Praias: são classificadas como parques e, portanto também possuem horário para abrir e fechar. Geralmente é proibido nadar em praias onde não há salva-vidas. Aqueles pegos nadando onde é proibido poderão ter que pagar multa.

Certas comunidades possuem acesso restrito a parques, praias, lagos e outras áreas de recreação. Na maioria das vezes, além de ter que morar nas imediações e/ou para uso das áreas de lazer é somente necessário ter licença (permit), geralmente adquirida por um valor acessível.

Olho Vivo: Nos Estados Unidos muitos compram o acesso completo a lagos, praias, rios e áreas florestais. Uma vez que esses locais são privados é proibido o uso de terceiros mesmo para passeio. Preste sempre atenção nas placas, pois muitas vezes esses locais não são cercados, e quando permitida a caça de animais, os visitantes podem se tornar alvo.

A cidade de New York conta com mais de 1.700 parques com playground e lugares de recreação. Muitos dos parques oferecem piscina e quadras para a prática de modalidades esportivas como tênis, basquete, etc. Novos usuários geralmente têm que se inscrever e pagar uma pequena taxa para obter carteirinha de sócio. Para saber mais sobre parques na cidade de New York visite o site www.nycgovparks.org

Certos aspectos culturais

Festas: quando os americanos fazem um convite pessoal para uma festa, não esperam que o convidado leve outras pessoas como muitas vezes é comum no Brasil. As festas também costumam ter hora certa para começar e terminar. Chegar mais de quinze minutos atrasado não é chique, muito pelo contrário.

Comunicação: os americanos costumam ser muito diretos. Procure ir logo "ao ponto" e ser objetivo quando lidar com eles. Jamais diga um "sim" ou certas coisas somente por educação. Se disser que vai "aparecer" na casa de um americano, tenha a consciência de que ele entendeu que você realmente irá visitá-lo.

Barulho: em certos locais e ocasiões é permitido dar festas, mas em muitas localidades há leis contra barulho após às 22 horas. Os vizinhos podem chamar a polícia caso sentirem-se incomodados.

O prazo para envio das aplicações via internet geralmente começa no segundo semestre do ano. Comece a providenciar a documentação necessária preferencialmente com um mês de antecedência.

Fumar: em vários Estados americanos como New Jersey, cidade de New York e na Califórnia, é proibido fumar em ambientes fechados mesmo que públicos. A lei inclui bares, discotecas e clubes noturnos em geral.

Pequenos Detalhes

Numeração
Preste atenção na hora de ouvir e escrever determinados números, principalmente quem trabalha fazendo pedidos em estabelecimentos comerciais. Há brasileiros que já cometeram equívocos graves. Ao invés de escrever em inglês twelve hundred como 1.200, escreveu 12.100 (twelve thousand and one hundred).

Dinheiro
Há uma diferença entre Brasil e Estados Unidos quanto ao uso de pontuação para separar valores. O uso incorreto de pontuação causa muito problema entre alguns empresários e contadores. Outro detalhe, o dólar no Brasil é representado pela sigla US$, mas nos Estados Unidos somente $. Veja abaixo exemplos de como pontuar dinheiro brasileiro e americano nos Estados Unidos:
Real: R$ 2.325,32 (two thousand, three-hundred and twenty-five reais and thirty-two centavos)
Dólar: $ 2,325.32 (two thousand, three-hundred and twenty-five dollars and thirty-two cents)

Moedinhas:
- 1 cent = é também chamado de penny
- 5 cents = nickel
- 10 cents = dime
- 25 cents = quarter

Temperatura
Nos Estados Unidos a temperatura é medida em graus Fahrenheit (F) e no Brasil em Celsius (C). Ao invés de "quebrar a cabeça" com conversões, tome como referência o seguinte:

De 85 F para cima	quente
De 60 F a 85 F	agradável
Abaixo de 60 F	fresco
Abaixo de 55 F para 30 F	frio
Abaixo de 30 F	muito frio
32 F	0 graus centígrados, ponto de congelamento da água

Horário

Brasil	Estados Unidos
1h00 (uma hora da manhã ou da madrugada)	1:00 a.m. (one in the morning)
24h00 (meia-noite)	12:00 a.m. (midnight)
12h00 (meio-dia)	12:00 p.m. (noon)
13h00 (treze horas)	1:00 p.m. (one in the afternoon)

Nos Estados Unidos, a sigla a.m. refere-se ao termo em latim ante-meridianum (antes do meio-dia) e p.m. ao post-meridianum (depois do meio-dia). O horário 0-24 horas é chamado de military time (horário militar).

Pesos

A medida de peso utilizada nos Estados Unidos vem da Inglaterra. É a libra, cuja sigla é lb. ou lbs., no plural, referindo-se às palavras pound ou pounds, em inglês.

1 lb = 453 gramas / 1 kg = 2,2 libras

Para facilitar, se não dispor de tabela ou calculadora com conversão métrica, pense que a libra equivale a pouco menos de meio quilo.

1 lb = 16 oz

A onça, em inglês ounce, cujo símbolo é oz., equivale a 1/16 da libra.

Medidas

1 polegada (inch) = 2,5 cm (centimeters)
12 polegadas (inches) = 1 pé (foot) = 30,48 cm
3 pés (feet) = uma jarda
1 yard (yd) 91,44 cm, quase um metro (meter)

Estados americanos

Os Estados Unidos possuem 50 estados (dois deles, Hawai e Alaska ficam fora do continente). Cada estado tem seu próprio governo estadual, com leis e administração independentes, mas as leis estaduais não devem conflituar com a Constituição Norte-Americana.

Nos Estados Continentais dos Estados Unidos existem quatro fusos horários diferentes. Estes são:

Eastern Standart Time (Costa Leste)
Central Time (Parte Central - do lado Leste)
Mountain Time (Parte Central - do lado Oeste)
Pacific Time (Costa Oeste)

Os Estados e suas respectivas siglas

AL - Alabama
LA - Lousiana
OH - Ohio
AK - Alaska
ME - Maine
OK - Oklahoma
AZ - Arizona
MD - Maryland
OR - Oregon
AR - Arkansas
MA - Massachussets
PA - Pennsylvania
CA - California
MI - Michigan
RI - Rhode Island
CO - Colorado
MN - Minnesota
SC - South Carolina
CT - Connecticut
MS - Mississippi
SD - South Dakota
DE - Delaware
MO - Missouri
TN - Tennessee
FL - Florida
MT - Montana
TX - Texas
GA - Georgia
NE - Nebraska
UT - Utah
HI - Hawaii
NV - Nevada
VT - Vermont
ID - Idaho
NH - New Hampshire
VA - Virginia
IL - Illinois
NJ - New Jersey
WA - Washington
IN - Indiana
NM - New Mexico

DC - Washington, DC
IA - Iowa
NY - New York
WV - West Virginia
KS - Kansas
NC - North Carolina
WI - Wisconsin
KY - Kentucky
ND - North Dakota
WY - Wyoming

Correio (Post office)

É proibido remeter dinheiro em espécie (notas) pelo Correio. Para isso, os Correios disponibilizam o mais barato e seguro serviço de ordem postal de pagamento (money order).

Os Correios também dispõem de serviços de remessa de dinheiro para certos países no estrangeiro. Em pequenas cidades, assim como nos subúrbios (suburbs) pode-se enviar cartas, desde que seladas, simplesmente colocando-as nas caixinhas de recebimento de cartas nas casas.

Envio de Cartas

Quando for enviar carta para o Brasil, deve-se preencher o envelope da seguinte forma: tanto o endereço do remetente (aquele que está enviando) como do destinatário (aquele que vai receber a carta) deve constar na parte da frente do envelope. Porém, os dados do remetente devem seguir na parte superior, lado esquerdo do envelope (lado oposto do selo). As informações do destinatário seguirão na parte inferior, lado direito. Veja o modelo:

```
┌─────────────────────────────────────────────────────────┐
│                                                          │
│  José da Silva                          ┌────────────┐   │
│  159 Marylin Street, 3rd Floor          │            │   │
│  Newark - NJ 07105                      │    SELO    │   │
│  USA                                    │            │   │
│                                         └────────────┘   │
│                                                          │
│                                                          │
│                 Maria Aparecida                          │
│                 420 Rua Tiradentes                       │
│                 Governador Valadares - MG - 35020 220    │
│                                                          │
└─────────────────────────────────────────────────────────┘
```

Pequeno vocabulário

Carta: letter	Remetente: Return address
Selo: Stamp	Fita: tape
Endereço: Address	CEP (Código Postal): Zip Code
Cartão Postal: Post Card	Etiqueta: label
Pacote: Package	

Envio de pacotes e remessas: desde o atentado de 11 de setembro é necessário para remessas com peso acima de 12 onças apresentar identidade válida com foto para remeter qualquer coisa dentro ou fora dos Estados Unidos. Para envio de cartas ou de pacotes aonde existir suspeita será perguntado se há substâncias químicas, produtos perigosos ou bomba dentro das encomendas. É necessário responder a pergunta seriamente, pois do contrário a pessoa poderá ser investigada e denunciada. Empregados do correio são funcionários federais.

Transporte Coletivo

New York: o trem metropolitano (Subway) da   Metropolitan Transit Autority - MTA da cidade de New York conecta quatro dos cinco bairros da cidade: Bronx, Manhattan, Brooklyn e Queens. Funciona 24 horas por dia, sete dias por semana, mas nem todos os trens correm em todos os horários. Para dúvidas e auxílio em vários idiomas, ligue 718-330-4847 (das 7h às 19h) ou em inglês 718-330-1234, 24 horas por dia.

Todos os guichês nas estações de Subway possuem gratuitamente mapas tanto das linhas de subway e ferroviárias quanto de ônibus.

Não importa a distância, o custo base do Subway e dos ônibus são únicos, pago por cartão magnético vendido nas estações, que se chama MetroCard. Dependendo do número de viagens compradas, existe desconto. Também há MetroCards com número ilimitado de viagens por um certo período.

Além do MetroCard, os ônibus também aceitam pagamento exato em moedas. Nem todas as linhas funcionam 24 horas. Em todo ponto de ônibus existem tabelas com horário de serviço, além de mapa com o itinerário do ônibus.

Depois das 22 horas e antes das 6 horas da manhã, todos os ônibus poderão parar em qualquer lugar requisitado pelo passageiro, desde que considerado seguro pelo motorista.

Curiosidade: Os ônibus podem ser uma boa maneira para os turistas conhecerem a cidade.

Linhas ferroviárias interurbanas que pertencem a MTA, são a LIRR (Long Island Railroad) e a Metro North Railroad (com três ramais que são Hudson Line, Harlem Line e New Haven Line). O custo da passagem ferroviária é baseado na distância; quando a bilheteria ou máquinas de vender bilhetes não estão acessíveis, os bilhetes podem ser comprados nos próprios trens.

O bairro de Staten Island é conectado a Manhattan por balsa que funciona 24 horas por dia e sete dias por semana gratuitamente. Essa pode ser uma boa opção para turistas, pois a balsa que passa em frente da Estátua da Liberdade permite ver além da Ellis Island (ponto de origem de dois terços de toda população americana no país), o panorama da Ilha de Manhattan, da ponte do Brooklyn e redondezas.

Curiosidade: a Ilha Roosevelt do lado leste de Manhattan, quase em frente das Nações Unidas, é servida por teleférico. O preço da passagem é o mesmo do transporte público local.

Para mais informações, o site do MTA possui horários, mapas, estações acessíveis a deficientes físicos, etc: www.mta.nyc.ny.us

Path Train: linha de metrô de conexão do Norte do Estado de New Jersey até a cidade de New York. Funciona 24 horas por dia, sete dias por semana, mas nem todos os trens correm em todos os horários. Não importa a distância, o custo base do Path é único, pago por cartão magnético vendido nas estações ou por dinheiro. Dependendo do número de viagens compradas, existe desconto. Para mais informações, o site do Path é www.panynj.gov

Transporte público para o Estado de New Jersey (New Jersey Transit): agência de trânsito que comanda a linha ferroviária interurbana e os ônibus de New Jersey. O custo da passagem é baseado na distância. Quando a bilheteria ou máquinas de vender bilhetes não estão acessíveis, os bilhetes podem ser comprados no próprio trem ou ônibus. Quando no ônibus, é necessário pagar o valor exato da passagem. Para mais informações, o site do NJ Transit é www.njtransit.com

Táxis

Fora da cidade de New York, os táxis geralmente são chamados pelo telefone e possuem tarifa de acordo com a distância. É comum dar 10% do valor da tarifa como gorjeta ao motorista.

Táxis na cidade de New York

Todos os táxis na cidade de New York são supervisionados pela New York City Taxi and Limousine Commission (TLC), Agência Municipal encarregada pela segurança, preço da corrida e os direitos dos passageiros. Todos os táxis amarelos possuem taxímetros. Também existem táxis que não possuem taxímetros e cobram somente pela distância percorrida. Na ilha de Manhattan estes táxis só podem pegar passageiros desde que chamados pelo telefone.

Os taxistas são obrigados, por lei, a dar recibo. Se a viagem for de negócios, você deverá guardá-lo como comprovante para descontar dos impostos como despesa, ao declarar.

Observe sempre se o taxista lembrou de ligar o taxímetro no início da corrida para evitar conflitos de interesse.

Todos os táxis amarelos devem possuir um medalhão (medallion) no capô do veículo, com número de registro visível ao passageiro.

Olho vivo: Olhe sempre o nome do taxista, o qual geralmente consta na frente do banco do passageiro. Caso esquecer algum pertence dentro do táxi poderá localizá-lo. O nome do taxista assim como os números do medalhão também são importantes para fazer qualquer reclamação junto a TLC.

O taxista que houver aceitado um passageiro não poderá negar-se a conduzi-lo ao seu destino se o mesmo já se encontrar no interior do veículo.

As tarifas cobradas para percursos até os aeroportos são fixas e deverão ser postadas no interior do táxi de modo a serem visíveis aos passageiros. Será sempre cobrado o pedágio das pontes atravessadas durante o percurso.

Glossário

Ajuste de status imigratório: mudança de situação referente ao tipo de visto.

Alvará: licença que, expedida por autoridade administrativa, permite o exercício ou a prática de certas atividades tal como construção, etc.

Ano letivo: relativo aos dias de aula do ano.

Áreas adjacentes: locais próximos, ao lado.

Áreas metropolitanas: regiões próximas das cidades grandes.

Ascensão: elevação, subida.

Asfixiados: impossibilidade de respirar.

Atendimentos ambulatoriais: atendimento médico seja para curativos, primeiros socorros ou pequenas cirurgias onde o paciente não fica internado.

Auditoria: fiscalização das operações contábeis.

Autópsia: exame minucioso de um cadáver, realizado por especialista qualificado, para determinar o momento e a causa da morte, entre outras coisas.

Bacharelado: curso universitário.

Bacilo: tipo de bactéria.

Bafômetro: aparelho usado para medir o nível de álcool no sangue do condutor.

Balbuciando: guaguejando.

Calefação (heating): sistema de aquecimento do ambiente através da água que também serve para prover água quente para habitações. Muitos países da Europa ainda usam carvão mineral como combustível, enquanto nos Estados Unidos é comum usar-se óleo, gás ou até mesmo eletricidade, sendo este último mais caro.

Carta registrada (registered mail): correspondência associada a um número de registro específico que só poderá ser retirada pelo destinatário com comprovante de identidade. Forma segura para ter a certeza de que a correpondência será recebida em data específica.

Christmas Holidays: ou "End of the year Holidays" (feriados de final de ano). Isso inclui o "Hanukkha", feriado judaíco quando cai próximo do Natal e ainda o "Kwanza", feriado afro-americano após o Natal, comemorado pela proximidade do ano novo.

Cidadania: condição da pessoa que, como membro de uma Nação, tem direitos de participar da vida política.

Coeficiente de Rendimento Escolar: feito através do cálculo da média dos valores relativos aos conceitos obtidos, comemorado pela proximidade de créditos de cada disciplina.

College: instituição de ensino de Terceiro Grau ou nível universitário.

Community College: faculdade pública.

Condado (county): divisão administrativa de determinados países (Inglaterra, E.U.A. etc.).

Cônjuge: indivíduo em relação a outro com quem está vinculado.

Constituição: conjunto das leis fundamentais que rege a vida de uma nação, geralmente votado por um congresso, regula as relações entre governantes e governados, traça limites entre os poderes e declara direitos e garantias individuais.

Consultants ou freelancers: que trabalha por conta própria, oferecendo seus serviços profissionais, sem qualquer vínculo empregatício, e é remunerado por trabalho apresentado.

Contestá-la: mostrar oposição ou contrariedade; opor-se, protestar.

Cortês: educado nas palavras, gestos e atitudes.

Degelo: descongelamento.

Direção defensiva: significa que o motorista deve dirigir de modo a reduzir as chances de ser envolvido em acidentes de trânsito.

Discrição do Juiz da imigração: segundo os critérios do juiz.

DMV - Department of Motor Vehicles: Departamento de Veículos Motorizados. Corresponde ao Detran (Departamento de Trânsito) no Brasil. Órgão que, entre outras atribuições, nos termos da legislação em vigor administra a documentação dos veículos e condutores, emite, suspende ou cassa a carteira de motorista.

Drivers license: carteira de motorista.

EIN - Employer Identification Number: número de identificação do empregador.

Epidemias: doença infecciosa que ataca simultaneamente grande número de indivíduos em uma determinada localidade.

Epiglotite: infecção grave da epiglote. A epiglote é a estrutura que fecha a entrada da laringe e da traquéia. A epiglotite é mais comum em crianças com 2 a 5 anos de idade.

Estatuto: regulamento ou conjunto de regras de organização e funcionamento de uma instituição.

Exame de amniocentesis: retirada de líquido amniótico do abdome materno para fins de análise.

Filantrópicas: referente a filantropia; ato de fazer o bem, praticar caridade.

Fundos mútuos: funcionam como uma sociedade de investidores, organizada por uma instituição financeira ou por um administrador de recursos. Cada investidor entra com o direito que quiser investir, comprando cotas da carteira que tem o perfil desejado. Depois sai do investimento vendendo essas cotas.

Grupo étnico: pertencente ou próprio de um povo; grupo caracterizado por cultura específica.

Hepatite: inflamação do fígado causada por agentes infecciosos (vírus, bactérias, parasitas) ou tóxicos (álcool, antibióticos etc.), geralmente acompanhada de febre e outras manifestações sistêmicas.

Hidrante: válvula de saída de água alojada em estruturas de ferro nas calçadas, onde se conecta a mangueira para extinguir incêndio.

High School: escola pública de Segundo Grau.

Hipoteca (mortgage): deixar bens imóveis como pagamento de dívida.

Hispanos: latino-americanos, de origem das Américas que falam espanhol.

I.T.I.N. - Individual Taxpayer Identification Number: número de contribuinte fiscal. Registro criado pelo US Department of the Treasury (Departamento do Tesouro).

Inadimplência: falta do cumprimento das condições do contrato.

Incinerador (incinerator): equipamento próprio que reduz substâncias em cinzas através da combustão. Nos Estados Unidos, muito usado em prédios residenciais para a queima de lixo não reciclável.

Income Tax: Imposto de renda. É a contribuição aos cofres públicos sobre salários e rendimentos acima de determinado valor.

Indocumentados: que não possuem documentos. Referem-se aqueles que cruzam as fronteiras dos Estados Unidos sem documentos. Originariamente, mexicanos que muitas vezes não possuíam documentos no próprio país de origem. Hoje o termo refere-se a pessoas fora de status imigratório.

Infração no trânsito: violação das normas e leis.

Inquilino (tenant): pessoa que paga aluguel para morar em casa, apartamento ou propriedade.

Insalubres: mau para a saúde.

INSS - Instituto Nacional da Seguridade Social: instituição pública do Brasil que concede direitos aos contribuintes através do seguro social. A renda transferida pela Previdência Social é utilizada para substituir a renda do trabalhador contribuinte, quando ele perde a capacidade de trabalho, seja pela doença, invalidez, idade avançada, morte e desemprego involuntário, ou mesmo a maternidade e a reclusão.

IRS - Internal Revenue Service: corresponde a Secretaria da Receita Federal do Brasil. Órgão do governo federal responsável pela arrecadação e fiscalização de impostos e contribuições.

Isentos: dispensados, desobrigados.

Labor Day: dia do trabalho. Esse feriado é marcado pela primeira segunda-feira de setembro.

Letras hipotecárias: forma de captação usada pelos bancos para financiar certas linhas de crédito imobiliário, ou seja, para a compra da casa própria.

Memorial Day: dia da lembrança dos soldados e daqueles que morreram pelos Estados Unidos. Esse feriado tradicional é marcado pela última segunda-feira de maio.

Money Order: ordem de pagamento.

Negligência: descuido.

Notarizados: referente (ref.) a Public Notary. Pessoa registrada pelo Estado e autorizada a reconhecer firma (assinatura) e validade dos documentos apresentados. Nos Estados Unidos, quase todas as agências bancárias possuem Public Notary. Cobra-se geralmente US$ 2,00 para notarizar cada documento.

Parquímetro: aparelho eletrônico que regula o tempo de permanência dos carros nas vagas da cidade, e que funciona mediante o depósito de moedas. Alguns também funcionam com dinheiro ou cartão.

Petição: formulação escrita de pedido, fundada no direito da pessoa, feita perante o juiz.

Plano de previdência particular: poupança de longo prazo.

Pneumonia: inflamação dos pulmões, provocada por bactéria ou vírus.

Pré-Natal: durante gravidez - referente a assistência médica prestada à gestante.

Proficiência: perfeito conhecimento.

Protéticos: profissionais que fazem próteses - dispositivo que substitui a falta de um órgão ausente. Exemplo: dentadura.

Punctura: furo ou picada.

Ratificar: reafirmar o que foi declarado.

Reciclável (recyclable): tornar a usar; reaproveitar.

Residência permanente: também conhecida como residência permanente legal - legal permanent residency - green card. Autorização concedida ao estrangeiro que pretende estabelecer-se definitivamente nos Estados Unidos. Não há data limite para a pessoa regressar ao país de origem, desde que continue morando nos Estados Unidos. Pode levar a cidadania dentro de alguns anos.

Retificar: explicar; justificar.

Roommates: pessoas que dividem o mesmo local de moradia.

Sepulcros: sepulturas.

Social Security Card: cartão onde se encontra o número do social security emitido pela Social Security Admnistration.

Softwares: conjunto de componentes lógicos de um computador ou sistema de processamento de dados; programa ou conjunto de instruções que controlam o funcionamento de um computador.

Sótão (attic): parte da casa localizada entre o teto e o telhado.

Status imigratório: situação do imigrante com relação a sua condição de estadia, residência e de trabalho em país estrangeiro.

Subcutânea: situada sob a pele.

Substância controlada: produtos que podem causar a dependência química como certas drogas como a cocaína ou a maconha.

Supletivo: ensino que se destina a suprir a escolarização regular de adolescentes e adultos que não a concluíram na idade própria.

Tétano: doença infecciosa que penetra no organismo através de ferimentos na pele e cuja toxina age sobre o sistema nervoso central.

Thanksgiving Day: dia de Ação de Graças. Esse feriado é marcado pela última quinta-feira de novembro.

Traslado: transporte.

USCIS - United States Citizenship and Immigration Services: Departamento de Imigração sob auspicious da Secretary of Justice (Ministério da Justiça), cujo chefe é o Attorney General (advogado geral). O Ministério da Justiça, como parte da administração federal, abrange várias áreas que passam por: defesa da ordem jurídica, dos direitos políticos e das garantias constitucionais, polícia federal, nacionalidade.

Varejo: venda de mercadorias em pequenas porções ou quantidades.

Workers Compensation: seguro de compensação do trabalhador.

Índice Remissivo

BIBLIOGRAFIA

AMERICAN BAR ASSOCIATION. The American Bar Association Legal Guide for Small Business. 1ST edition. Random House Reference, 2000.

BALDWIN, Carl R. Inmigracion Preguntas Y Respuestas. Allworth Pr, 1996.

BRAY, Ilona M. Becoming A U. S. Citizen: A Guide to the Law, Exam, and Interview. 2nd edition. Nolo, 2004.

BRAY, Ilona. Fiance & Marriage Visas: A Couple's Guide To U.S. Immigration. 3rd edition. Nolo, 2005.

BRAY, Ilona M; STEINGOLD, Fred S. Legal Guide for Starting & Running a Small Business. 7th edition, Nolo, 2003.

BOTKIN, Sandy. Lower Your Taxes - Big Time! : Wealth-Building, Tax Reduction Secrets from an IRS Insider. 1st edition. McGraw-Hill, 2002.

DAILY, Frederick W.; LAURENCE, Bethany K. Tax Savvy for Small Business: Year-Round Tax Strategies to Save You Money. 8th edition. Nolo, 2004.

FAMUYIDE, Josep Rotimi. Green Card Interview Dos & Don'ts.Law Office of Joseph Famuyide, 2002.

GANIA, EDWIN T. U.S. Immigration Step by Step (Legal Survival Guides). 2nd edition. Sphinx Publishing, 2004.

GREENFELD, Lawrence A. Violence by Intimates: Analysis of Data on Crimes by Current or Former Spouses, Boyfriends, and Girlfriends. U.S. Department of Justice, 1998. Disponível em http://www.ojp.usdoj.gov/bjs/pub/pdf/vi.pdf. Acesso em agosto de 2004.

JEHLE, Faustin F. The Complete and Easy Guide to Social Security, Healthcare Rights, and Government Benefits (Complete and Easy Guide to Social Security and Medicare). Emerson-Adams Press, 2000.

MARGOLIS, Maxine M. An Invisible Minority: Brazilian Immigrants in New York. Allyn & Bacon, 1st edition, 1997.

MARGOLIS, Maxine M. Little Brazil: Imigrantes Brasileiros em Nova York. Papirus, 1st edition, 1994.

MARGOLIS, Maxine M. Little Brazil. Princeton University Press, 1993.

WERNICK, Allan. U.S. Immigration and Citizenship. 4th edition. Emmis Books, 2004.

ZAWACKI, Stephen J. Love, Marriage & Green Cards: Immigration to the United States as the Husband or Wife of an American Citizen.1st edition. Universal Publishers, 2001.

Guia del Migrante Mexicano. Secretaria de Relaciones Exteriores de Mexico, 2005. Disponível em http://www.sre.gob.mx/tramites/guiamigrante/default.htm

Guia Abrindo a Porta para sua casa própria (Opening the Door to a Home of your own). EUA. FannieMae Foundation. Disponível em http://www.homebuyingguide.org/book.asp?lang=p&book=OD4

Guia Como Conhecer e Entender o seu Crédito (Guide Knowing and Understanding your Credit), EUA, FannieMae Foundation, FMF C 062 03/00, 2000. Disponível em http://www.homebuyingguide.org/book.asp?lang=p&book=OD2

Guia Como Escolher a Hipoteca Adequada para você (Chosing the Mortgage that's Right for you). EUA, FannieMae Foundation, FMF C008 11/98, 1998. Disponível em http://www.homebuyingguide.org/book.asp?lang=p&book=OD1
Guia O Básico do Empréstimo: O que você não sabe pode lhe prejudicar (Guide Borrowing Basics: What you Don't Know Can Hurt You). EUA, FannieMae Foundation, FMF C 096 08/00, 2000. Disponível em http://www.homebuyingguide.org/book.asp?lang=p&book=OD3
Manual de Serviço Consular e Jurídico. Ministério das Relações Exteriores, Diretoria-Geral de Assuntos Consulares, Jurídicos e de Assistência a Brasileiros no Exterior, 2000. Disponível em http://www2.mre.gov.br/dac/download.htm

Sites consultados no período entre junho de 2004 e julho de 2005:

http://dental.columbia.edu/
https://internetcaixa.caixa.gov.br/NASApp/siloj/index.do
http://maps.yahoo.com/
http://uscis.gov
www.aaa.com
www.aacc.nche.edu
www.afsc.org
www.allaboutroommates.com/cgi/newentry
www.americancancersociety.org
www.aspe.hhs.gov/poverty/02computations.htm
www.avp.org
www.babyrus.com
www.bcis.gov
www.brazilconze.com
www.brasilemb.org
www.brazilhouston.org
www.brazilian-consulate.org
www.brazilmiami.org
www.brazilny.org
www.brazilny.org/Forms/formmenor.pdf
www.brgny.org
www.bybybaby.com
www.caixa.gov.br/
www.cancer.gov
www.catholiccharitiesusa.org
www.cms.hhs.gov/medicaid
www.coca-colascholars.org
www.consulatebrazil.org
www.dhs.state.il.us/mhdd/mh/medicaidInformation
www.dishnetwork.com

www.dmv.ca.gov/dmv.htm
www.dmv.org
www.dvlottery.state.gov
www.easyroommate.com
www.ets.org/toefl/
www.equifax.com/
www.aproses.org.br/mambo/
www.experian.com/
www.fanniemaefoundation.org
www.fdhc.state.fl.us/Medicaid
www.fhwa.dot.gov
www.fns.usda.gov
www.freshair.org
www.health.state.ny.us/health_care/medicaid
www.health.state.ny.us/nysdoh/fhplus
www.hrblock.com
www.hsmv.state.fl.us
www.icla.org
www.icla.org/drives.htm
www.irs.gov
www.jacksonhewitt.com
www.janedoe.org
www.lsnjlaw.org/english/healthcare/charitycare.cfm
www.mapquest.com
www.medi-cal.ca.gov
www.medicare.gov
www.mre.gov.br
www.nefe.org
www.njcbw.org
www.njtransit.com
www.nyc.gov
www.nyc.gov/html/doh/home.html
www.nycgovparks.org
www.nydmv.state.ny.us/
www.nyrac.com
www.nysba.org
www.nyu.edu/dental
www.onlinedmv.com
ww.onlinedmv.com/IL_Illinois_dmv_department_of_motor_vehicles.htm
www.rainbowroommates.com
www.rentawreck.com
www.roommates.com
www.roommateaccess.com

www.roommateclick.com
www.safehorizon.org
www.salvationarmyUSA.org
www.sba.gov
www.sharerent.com
www.sopape.com.br/SPP
www.sre.gob.mx/ime
www.ssa.gov
www.sss.gov
www.state.nj.us/health/lh/directory/lhdselectcounty.htm
www.state.nj.us/humanservices/dmahs/dhsmed.html
www.state.nj.us/mvc/
www.transunion.com/
www.tribe.net
www.tosublet.com
www.uol.com.br
www.wes.org
www.ymca.net
www.50states.com/college

Caminhantes não tem caminho.
O caminho se faz ao caminhar.

(Patrocinador Anônimo)

Apoio Cultural:

Corcovado Photo
109 Monroe Street, Newark, NJ, Tel.: 973 522 12 66, 973 532 12 66

Emporium 218 Supermarkets
218 Ferry Street, Newark, NJ, Tel.: 973-465-7632

English At Home - www.englishathome.com
P.O. Box 5703, Newark, NJ, 07105, Tel.: 973-274-1929 (Profa. Ana Santos)

Jose 2000 – Barber Shop (Barbearia)
31-08 34th Street, Queens, New York, Tel.: 718 274 83 86

La Belle
62 Merchant Street, Newark, New Jersey, Tel.: 973 344 94 76

Restaurante Tradição
70 Adams Street, Newark, NJ, Tel.: 973 465 1022

Salão Brasil
70 Adams Street, Loja 08, Newark, NJ, Tel.: 973-344-5613

RJ Carpentry
109 Monroe Street, Suite 206, Newark, NJ – 07105, Tel.: 973-578-2001, Cel.: 973-632-6184 (Júlio), Fax: 973-578-8441.

UBENY (União Brasileira de Escritores Seção de New York)
www.ubeny.org

Pessoas físicas

Adimar F. Martins

José Eduardo Moreira dos Santos

Marcio Rosario

Paulo Cardoso e Wendely Veloso

Renato e Inês Baptista

Palmira Oliveira

fotografia & vídeo

Centro de Tradições Gaúchas (CTG)
84-86 Monroe Street - 2º andar
Newark, NJ 07105
Informações: orkessler@hotmail.com
Tel: 908-370-5480

01 Merchant Street, Newark, NJ ▪ 973-522-1557
70 Adams Street, #4, Newark, NJ ▪ 973-589-6069

www.boinabrasa.com

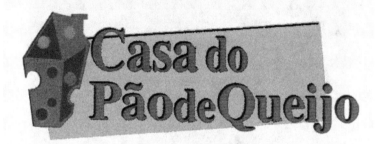

"Seu Pedaço Preferido"

70 Adams Street	973-344-6622
43 Merchant Street	973-344-1286
220 Ferry Street	973-344-3145
131 Wilson Avenue	973-344-4148

All in Newark, NJ

Free Delivery
973-344-3232
973-344-4042

REFORMAS & DECORAÇÕES

Marcia Balbinot

The Source for All your Promotional Needs

SCREEN PRINTING
EMBROIDERY
AD SPECIALTIES
SIGNS/BANNERS
SPORTING GOODS

113 Monroe St. Newark, NJ
Tel: (973) 589-4332

http://brazilstrategy.net

Uma rede social dedicada
às relações cooperativas entre
Brasil e EUA, fundada nos
valores de desenvolvimento
democrático e igualitário.

Brazil Strategy Network
P.O. Box 6297
Santa Maria, CA 93456

97-99 Monroe Street   Newark, NJ 07105
P: 973.589.8682   P: 973.589.4474   F: 973-589.1340

Salão De Festa

www.brasiliagrill.com   www.braza.com/brasiliagrill

Typical
Brazilian
Cuisine

132 Ferry Street
Newark, NJ
Phone: (973) 465-1227
Phone: (973) 465-0777
Fax: (973) 465-7824

Free Parking
across street
at 99 Monroe Street
(Brasilia Grill)

 # Duas décadas de história

Presente nos principais momentos marcantes da notícia para os Brasileiros nos EUA

Há quase duas décadas, os brasileiros que estão nos Estados Unidos buscam o Brazilian Voice Newspaper para se informar sobre os principais acontecimentos na comunidade e como adquirir bens e serviços em sua língua nativa. Atualmente, a maioria deles está concentrada na Costa Leste do país. As estimativas feitas pelos diversos Centros de Imigrantes que atendem nossa população nos Estados Unidos afirmam que o número de brasileiros chega a 1.5 milhão.

O Brazilian Voice é conhecido entre os imigrantes brasileiros por seu caráter comunitário, e ao longo dos anos se tornou uma referência de jornal que reflete os anseios dos brasileiros e fiscaliza as autoridades de forma isenta e séria. Graças a isto se tornou líder em leitura.

Através do Brazilian Voice, os brasileiros residentes nos Estados Unidos tomaram conhecimento em primeira mão, na sua língua nativa, das trágicas mortes do corredor Ayrton Senna e da princesa Diana, a queda do muro de Berlin, o impeachment do presidente Collor, a criação do Mercosul, o escândalo do mensalão, os jogos olímpicos, a queda das torres gêmeas, o tetra e o pentacampeonato da seleção, a prisão de Saddam Hussein, a escolha do Papa Bento XVI, entre outros fatos que marcaram a história do Brasil e do mundo.

≡Brazilian Voice
N E W S P A P E R

412 Chestnut Street
Newark,NJ   07105
Tel: (973)491-6200
Fax: (973)491-6287
info@brazilianvoice.com
www.brazilianvoice.com

Desde 1988, o Brazilian Voice Newspaper é considerado o maior veículo de comunicação em língua portuguesa das comunidades residentes neste país. Todas as semanas, 60 mil exemplares são distribuídos gratuitamente nas maiores colônias de brasileiros da Costa Leste: Connecticut, Massachusetts, New Jersey, New York e Philadelphia, em aproximadamente 1.000 pontos de distribuição.

Brazil's most beloved wine.

The truly expression
of Brazilian terroir. •

miolo@miolo.com.br
www.miolo.com.br

...Taking Brazilian wines
to a higher level!!!

www.manualdoimigrante.com

Acesse o site e escreva dando sua opinião sobre o livro.

*"A omissão de quem pode e não auxilia o povo é comparável a um crime que se pratica contra a comunidade inteira.
Embora ninguém possa voltar atrás para fazer um novo começo, qualquer um pode começar agora a fazer um novo fim".*

Chico Xavier